Jürgen von der Lippe

Beim Dehnen singe ich Balladen

Geschichten
und Glossen

 PENGUIN VERLAG

Der Verlag weist ausdrücklich darauf hin, dass im Text
enthaltene externe Links vom Verlag nur bis zum Zeitpunkt
der Buchveröffentlichung eingesehen werden konnten.
Auf spätere Veränderungen hat der Verlag keinerlei Einfluss.
Eine Haftung des Verlags ist daher ausgeschlossen.

Verlagsgruppe Random House FSC® N001967

PENGUIN und das Penguin Logo sind Markenzeichen
von Penguin Books Limited und werden
hier unter Lizenz benutzt.

1. Auflage 2017
Copyright © 2015 beim Albrecht Knaus Verlag, München,
in der Verlagsgruppe Random House GmbH,
Neumarkter Straße 28, 81673 München
Umschlag: Sabine Kwauka
Umschlagmotiv: Pavel Kaplun
Satz: Uhl + Massopust, Aalen
Druck und Bindung: GGP Media GmbH, Pößneck
Printed in Germany
ISBN 978-3-328-10036-2
www.penguin-verlag.de

 Dieses Buch ist auch als E-Book erhältlich.

Inhalt

Von der Unmöglichkeit, ein Vorwort für ein komisch gemeintes Buch zu schreiben

In einem Vorwort schreibt der Autor gemeinhin ein paar Dinge, die zum besseren Verständnis des Buches gereichen sollen. Bei einem komischen Buch gerät so was eher zur humoristischen Bankrotterklärung, denn wenn es schon Erklärungen nötig hat, lässt man es besser ganz. Natürlich könnte ich mich über die segensreichen Wirkungen des Konsums pikaresker Texte auslassen oder sagen, dass Comedy unverzichtbares Überlebensmittel ist, was man schon daran erkennt, dass die überaus beliebte lustige Person, die noch im Vorspiel auf dem Theater Goethes Faust mit einleitet, Hans Wurst (erstmals 1519) heißt, nach der deutschen Lieblingsspeise. Bei den Holländern hieß der Narr dementsprechend Pickelhäring, in Frankreich Jean Potage, in England Jack Pudding, in Italien Macaroni, in Russland Kapustnik, Krautkopf. Man kann die Befriedigung, die ein leckeres Essen dem Hungrigen verleiht, durchaus mit der Wohltat, die Humor uns erweist, vergleichen. Diese Weisheit habe ich natürlich gegoogelt, ich bedanke mich bei dem unbekannten Autor, muss allerdings anmerken, dass der Vergleich beidbeinig hinkt. (Bei dieser jokosen Metapher bin ich mir übrigens nicht sicher: Ist sie ein Oxymoron oder Paradoxon? Egal.)

Für eine komische Geschichte brauchen Sie einen starken Anfang und einen starken Schluss. Beim Essen ist es völlig anders: Mein Lieblingsgericht ist Pizza, Pizza Margherita mit wenig Tomatensoße und wenig Käse, damit der Teig Blasen werfen kann, knusprig bleibt und nicht matschig wird; und klein gehackte eingelegte milde Peperoni und dann mache ich noch ein bisschen Chili-Öl drüber. Wagenradgroß kommt sie daher und duftet mich fast um die Besinnung, und ich lege los, bei den ersten Bissen bin ich kurz davor, in meiner Unterhose zu kommen, und am Schluss ist mir schlecht. Sie sehen den Unterschied? Ich könnte auch darlegen, dass Humor dem Konsumenten ein zeitweises Absetzen der als überschwer empfundenen kulturellen Bürden mannigfacher Art ermöglicht, wie der Forderung nach Political Correctness, der Unterdrückung der eigenen Aggressionen oder dem Wunsch nach sofortigem voraussetzungslosen GV mit jemand Fremdem. Der Humorschaffende nimmt also Stellvertreterhandlungen vor, die als wohltuend empfunden werden und – weil raffiniert verklausuliert daherkommend – als zusätzlichen Benefit einen kleinen denksportlichen Triumph gewähren. Auch diesen Gedanken werde ich nicht für eine meiner geplanten Doktorarbeiten verwenden, nicht, weil er geklaut ist, sondern weil ein so urkomisches Buch keine Rechtfertigung braucht. Wer nicht lachen will, vergibt die Chance, besser auszusehen, ist also gestraft genug. Wer wissen will, warum Geschichten und Glossen, und nicht nur Geschichten oder Glossen, dem sage ich: Ich liebe beides, warum sich dann beschränken? Ich esse ja auch meistens erst Pizza und dann Pasta.

In diesem Sinne: Wohl bekomm's!

Der Mallorca-Bock

»Wir verhandeln heute in der Sache Fiedler gegen Ellerbrock, es geht um die Forderung von 25 000 Euro Schmerzensgeld.«

Richter Walter war müde und schlecht gelaunt. Das Skatturnier hatte bis halb 3 Uhr morgens gedauert, eine Ramschrunde hatte ihm 100 Miese eingebracht, das war Rekord, und er hatte sich den ganzen Abend die Frotzeleien anhören dürfen.

»Herr Fiedler, was ist passiert?«

»Der Beklagte hat auf mich geschossen, dabei drang mir eine Kugel ins Gesäß, musste operativ entfernt werden, unter den Folgen leide ich bis heute, schlafe unter anderem schlecht, habe Angstzustände usw. Das können Sie alles auch im Gutachten meines Psychiaters nachlesen.«

»Schön, dann ist ja alles klar. Haben Sie eine Ahnung, warum Herr Ellerbrock auf Sie geschossen hat? Kannten Sie sich, gab es Differenzen?«

»Nein, ich kannte ihn nicht, aber er hat sogar zweimal auf mich geschossen, die zweite Kugel hat mich zum Glück verfehlt.«

»Dann frage ich mich nur, warum er Sie nicht mit einer dritten Kugel erledigt hat.«

Der Beisitzer sah den Richter strafend an. Er wusste, dies war einer von den Tagen, an denen die Pferde mit dem Richter durchgingen, weil er eigentlich immer hatte Komiker werden wollen.

»Herr Ellerbrock, ich frage Sie, warum haben Sie auf den Kläger geschossen?«

»Das habe ich keinesfalls, Herr Richter, ich habe auf einen Boc Balear geschossen und dabei versehentlich Herrn Fiedler getroffen, den ich für eine verwilderte Hausziege gehalten habe, der der Bock dabei war aufzureiten.«

»Moment, Sie wollten einen was noch mal schießen?«

»Einen Boc Balear, eine eigenständige Wildziegenart, die nur auf Mallorca vorkommt. Die männlichen Exemplare haben wunderschöne, imposant geschwungene Hörner, die für Großwildjäger weltweit eine beliebte Trophäe darstellen.«

»Großwildjagd auf Mallorca, das habe ich auch noch nicht gewusst, da kriegt das Wort »Ballermann« ja eine ganz neue Bedeutung. Sie knallen also Tiere ab und hängen sich die Köpfe mit dem Geweih …«

»Verzeihung, Herr Richter, mit dem Gehörn …«

»Ja doch, jetzt fangen Sie nicht an, hier Korinthen zu kacken, das habe ich schon gern, so was, ich war mal bei so 'nem ›Jägerheini‹ zu Hause«, damit wandte er sich zum Beisitzer um, dem klar wurde, jetzt sind die Pferde in vollem Lauf, und nichts mehr wird sie aufhalten, »und habe ihn gefragt, warum er die ganzen Köppe an der Wand hat, und er antwortete, ja die sind so schön, und ich sagte, na, ihre Frau sieht doch auch ganz prima aus! Na gut, das gehört nicht hierher. Zurück zum Fall, Sie wollten einen Ziegenbock schießen, haben aber Herrn Fiedler getroffen, den Sie für was genau hielten?«

»Eine von etwa 18 000 verwilderten Hausziegen, die nicht nur vielerorts die Vegetation der Tramuntana gefährden, sondern sich auch mit der Wildziege kreuzen.«

»Wenn ich aber jetzt Herrn Fiedler so betrachte, wäre das Letzte, für was ich ihn halten würde, eine verwilderte mallorquinische Hausziege, würden Sie mir da recht geben?«

»Unbedingt, Herr Richter, aber wenn Sie sich vorstellen, dass

Herr Fiedler sich ein Ziegenfell übergehängt hat, um einen Bock anzulocken ...«

»Sie haben was gemacht, Herr Fiedler?«

Herr Fiedlers Anwalt schoss hoch. »Verzeihung, Herr Richter, es ist straf- und zivilrechtlich irrelevant, sich als Ziege zu verkleiden, im Gegensatz zum verantwortungslosen Gebrauch von Feuerwaffen!«

»Na ja«, sagte der Richter, der mittlerweile prächtiger Laune war, »wenn sogar der Bock auf Herrn Ziegler hereingefallen ist, kann man, wie ich meine, Herrn Ellerbrock keinen Vorwurf machen.«

»Herr Richter, wenn ich da etwas einwerfen darf«, mischte sich der Beisitzer ein, »meine Eltern haben einen Bauernhof, und in der gesamten Landwirtschaft kennt man das Torbogensyndrom, dem schon manche Touristin zum Opfer gefallen ist, die sich nichts ahnend im Sichtfeld eines Bullen bückte und so einen Anblick bot, der dem einer Kuh von hinten ähnelt, und darauf springen so leicht erregbare Tiere wie Bulle oder Ziegenbock eben sofort an.«

»Vielen Dank, Herr Beisitzer, aber dem entnehme ich, dass Herr Fiedler sich nicht als Ziege hätte verkleiden, sondern sich nur vor dem Bock hätte bücken müssen, um den Springbock-Effekt auszulösen ... oder?«

»Nein«, ergriff der Beisitzer noch mal das Wort, »weil die Tarnung Herrn Fiedler die Annäherung an die Herde erst gestattete, Optik und Geruch wiesen ihn sozusagen als Artgenossen aus.«

»Dann ist dieser Boc Balear wohl nicht der Hellste, je größer das Gehörn, desto kleiner das Gehirn. Hahaha ... Aber gut. Ich fasse zusammen: Beide Herren waren unterschiedlich scharf auf den Bock, also in unterschiedlicher Weise auf den Bock scharf, Sie wissen schon, was ich meine. Eine Frage wäre noch zu klären: Hätte Herr Fiedler mit Gewehrfeuer rechnen müssen?« »Selbstverständlich«, warf nun Herr Ellerbrocks Anwalt ein, »auf Mallorca sind sieben Jagdreviere für die Großwildjagd ausgewiesen, vor deren Betreten unübersehbar gewarnt wird. Trotzdem sind Jagdunfälle nichts Seltenes, erst kürzlich hat ein Jagdpächter im brandenburgischen Liebenwalde ein Pony erschossen. Er hatte es mit einem Wildschwein verwechselt.«

»Vielen Dank, Herr Anwalt, nicht auszudenken, wenn es andersrum gelaufen wäre und er versucht hätte, das Wildschwein zu reiten. Gut. Das Gericht zieht sich zum Mittagessen zurück, wenn wir bis 18 Uhr nicht wieder da sind, sind wir auch zum Abendessen. Mahlzeit.«

Adults only

»Lass uns doch mal in einem ›Adults only Hotel‹ Urlaub machen.«

Vor Überraschung beschlug meine Brille.

»Seestern«, sagte ich, »sind wir dazu nicht ein wenig zu alt? Jeden Abend wechselnde Intimpartner, Gruppensex, ich habe ja bisher noch nicht mal einen Dreier auf die Reihe gekriegt, ich finde einfach nichts an der Vorstellung, zwischen zwei enttäuschten Frauen aufzuwachen.«

»Oder zwischen einer zufriedenen Frau und einem zufriedenen Mann, diese Möglichkeit kommt euch Aushilfs-Machos wohl gar nicht in den Sinn. Außerdem finde ich den Kosenamen ›Seestern‹ etwas zweischneidig, denn die haben, wie du vielleicht nicht weißt, kein Gehirn!«

Ich verkniff mir gerade noch zu sagen: »Was glaubst du eigentlich, warum ich das gesagt habe?«

»Was du ebenfalls nicht weißt«, fuhr die Gefährtin meiner durchschnarchten Nächte fort, »ist, dass mit diesem Label Hotels gemeint sind, in denen Kinder unerwünscht sind. Also kein Rumgerenne im Frühstücksraum, kein Gekreisch am Pool, keine durchnässte Zeitung, weil eine hyperaktive Missgeburt seine einzige Fähigkeit, eine Arschbombe, demonstrieren muss.«

»Aber genau das hat mir immer dieses Glücksgefühl beschert, das den Kinderlosen über die Tatsache hinwegtröstet, seinen Evolutionsauftrag nicht erfüllt, oder anders gesagt, dem weiblichen Teil der Weltbevölkerung seine Gene vorenthalten zu haben.«

Ich sah auf und bemerkte, dass ich der Einzige im Raum war.

Wenige Wochen später checkten wir in einem 4-Sterne-Hotel auf Mallorca ein, dessen Motto »Zeit für Zweisamkeit« lautete. Im Gepäck hatten wir ca. zwanzig Bücher, in der Hoffnung, endlich mal ungestört lesen zu können. Das Haus warb auch mit einer großzügigen Wellnesslandschaft mit sechs verschiedenen Saunen. Nun finde ich es einerseits recht kapriziös, vor 40 Grad im Schatten in eine Sauna mit 70 Grad auszuweichen, und habe mich überdies schon immer schwer getan mit der offensiven Präsentation meiner unverhüllten Genitalien. Natürlich wissen wir alle, dass die Humanmedizin zwischen Fleisch- und Blutpenis unterscheidet. Ersterer ist auch im Ruhezustand stattlich, Letzterer wird erst in Alarmbereitschaft zum Blickfang. Und deswegen gibt es überhaupt keinen Grund, Komplexe zu entwickeln, deswegen denke ich, dass meine Scheu, mich öffentlich zu entblößen, eher auf meine strenge religiöse Erziehung zurückgeht. Also lag ich wenig später in einer ruhigen Ecke der Pool-Area, hob den Altersdurchschnitt nur unwesentlich und las den dritten Teil von Helmut Kraussers »Hagen-Trinker-Trilogie«, in der es unter anderem um die Liebe eines Berbers zu einer Schülerin geht.

Ich sah auf, mein Blick trübte sich. Ich würde nie eine Tochter haben. Mit größter Wahrscheinlichkeit zumindest. Selbst wenn der Zeugungsakt in den nächsten Minuten stattfinden würde, wäre ich, wenn das bildhübsche hochbegabte Wesen den ersten Freund anschleppte, circa 80 Jahre, könnte sie also kaum unauffällig in der Disco beschatten, um das Schlimmste zu verhüten. Vielleicht würde ich aber wenigstens noch mitbekommen, wie sie das jahrgangsbeste Abitur im ganzen Bundesland bekommt. Schnüff.

Abends im schönsten der drei hoteleigenen Restaurants

hatten wir einen Vierertisch für uns und ließen es krachen. Im wahrsten Sinne, denn schon der Biss in die Blätterteigkruste unseres Filets Wellington ließ etliche Köpfe zu uns herumfahren. Der Geräuschpegel war einfach zu niedrig. Was hätte ich für ein »Mama, kann ich ein Erdbeereis?« gegeben!

In diesem Moment betrat ein Ehepaar mit einem vielleicht achtjährigen Jungen das Restaurant des kinderfreien Hotels. Sie hatten vielleicht eine Sondergenehmigung des Bürgermeisters oder einer noch höheren staatlichen Stelle.

Es gab keinen freien Tisch mehr. Bedrohliches Getuschel erhob sich. Ich sah den Oberkellner den Kopf schütteln. Ich schaute meine Frau an. Sie nickte. Ich stand auf, ging zu der Familie und sagte: »Wenn Sie mögen, können Sie sich gerne zu uns setzen, für den Jungen stellen wir einfach einen Stuhl dazu.«

So geschah es. Es stellte sich heraus, dass es das Ehepaar in dem kinderlosen Schuppen nicht mehr ausgehalten hatte und sich den Jungen von Freunden, die in der Nähe eine Finca gemietet hatten, ausgeliehen hatte. Ein sehr netter, aufgeweckter Junge mit Interesse für Bücher, Spiele und Zaubertricks. Als die Familie abreiste, waren wir richtig glücklich, denn wir wurden mit den Eltern des Jungen rasch handelseinig und hatten ihn den Rest des Urlaubs für uns allein.

Theater

Ich bin kein Freund vieler Worte und möchte Sie, statt Sie mit irgendwelchen Fakten über die Personen zu füttern, die Sie in den nächsten Minuten hoffentlich liebgewinnen werden, gleich ins kalte Wasser schmeißen, sprich in die erste Szene. Wir befinden uns in einem Theaterstück, auf der Bühne ein Mann und eine Frau, seine Frau, um genau zu sein, die beiden sind seit drei Jahren verheiratet. Glücklich? Urteilen Sie selbst:

Elvira: Kannst du mir 50 Euro leihen?

Thomas: Wofür?

Elvira: Ich habe Hunger.

Thomas (mit einem Seufzer): Hör mal zu, ich arbeite schwer für mein Geld, aber okay. Bis zum Wochenende. Du kannst es dir im Büro abholen gehen, ich sage Frau Knippke Bescheid, aber ich weiß genau, was wieder passiert. In ein paar Tagen kommst du an und sagst, du könntest es im Moment nicht zurückzahlen, das ist jedes Mal dieselbe Scheiße. Wenn du es wenigstens abarbeiten könntest, aber du kannst ja nichts, was mich interessiert.

Black out.

Neue Szene. Im Büro von Thomas' Chef, Herrn Hürlimann.

Hürlimann: Ich darf Ihnen ohne Übertreibung sagen, Sie sind einer der gnadenlosesten Mitarbeiter, die unsere Firma je hatte, Sie werden es noch weit bringen, auf Ihre Zulage am

Jahresende können Sie sich jetzt schon freuen. Meine Frau und ich geben ein kleines Essen am Wochenende in unserem Wochenendchalet, ich würde mich freuen, Sie und Ihre Frau begrüßen zu dürfen.

Thomas: Da muss ich Sie allerdings vorwarnen. Wenn wir gemeinsam zum Essen eingeladen sind, spielen wir gern *good girl* und *bad guy*, ich bin der *bad guy* und sage dann beispielsweise: Riecht komisch hier, ist jemand gestorben? Und meine Frau tut dann so, als wollte sie das Schlimmste verhindern: Thomasle, bitte! Und ich: Nein, wieso denn? Ist doch gar nicht böse gemeint, es ist ein interessanter Geruch ... Thomas, hörst du jetzt auf ... Manche Gerüche sind ja wirklich schlimm, da könnte man kotzen, aber andere sind gar nicht so übel, wie man denken könnte, Ohrenschmalz zum Beispiel riecht gar nicht schlecht. Also, da haben wir schon so viel Spaß gehabt!

Manchmal tauschen wir auch die Rollen, dann ist meine Frau die Böse, dann bringt die aber Schoten! Das kann ich gar nicht erzählen.

Hürlimann: Aber nein, das beginnt jetzt, mich zu interessieren!

Thomas: Wie? Na gut. Dann wendet sie sich an die Frauen und sagt: Mädels, wisst ihr eigentlich, warum die Männer uns nicht küssen wollen, wenn wir ihnen einen geblasen haben? Die mögen das Zeug auch nicht.

Letztens hat sie zu einem Exhibitionisten gesagt, als er den Mantel öffnete und fragte: Weißt du, was das ist?

Hürlimann: Lassen Sie mich raten. Sie sagte: Sieht aus wie ein Pimmel, nur viel kleiner. Mann, das sind doch alles alte Schoten, die Sie mir als selbst erlebt verkaufen wollen, meinen Sie, ich ziehe mir die Hose mit dem Hammer an, oder was?

Thomas: Entschuldigung, es muss heißen: Meinen Sie, ich setze mir den Hut mit dem Hammer auf?

Hürlimann: Was? Sie wagen es, mich zu verbessern? Sie sind gefeuert, und zum Essen kommt Ihre Frau natürlich ohne Sie. Und jetzt raus!

Black out, Licht an, die drei Schauspieler stehen an der Rampe.

Elvira: So, meine Damen und Herren, wir würden jetzt gern Ihre Meinung zu den Figuren einholen, ehe wir weiterspielen. Finden Sie das Verhalten des Chefs meinem Mann gegenüber unakzeptabel, oder sagen Sie, das ist okay, aber die Figur meines Mannes ist überzeichnet, oder sind Sie möglicherweise im Gegenteil der Auffassung, er könnte mir, also seiner Frau gegenüber, noch ganz anders zur Sache gehen?

In die Stille hinein brüllt ein Zuschauer: Genau, das Weichei war noch viel zu zahm, ich hätte dir erst mal deinen süßen Arsch vollgehauen und dann aber auch gleich Versöhnungssex, aber so richtig, da wär kein Auge trocken geblieben, wenn du willst, kann ich dir das ja gleich mal zeigen.

Er klettert auf die Bühne, aus dem Publikum sind einzelne Entsetzensschreie zu hören, der Darsteller des Hürlimann versetzt dem Ankömmling, bevor er die Schauspielerin erreicht hat, einen Leberhaken, der ihn auf die Knie zwingt, Thomas schickt ihn mit einem schulmäßigen Kick an die Schläfe schlafen. Gemeinsam ziehen die beiden den Leblosen hinter die Bühne.

Elvira wendet sich wieder ans Publikum: »Wir machen jetzt erst mal eine kleine Pause, lassen Sie sich einfach überraschen, wie das Stück weitergeht.«

Hinter der Bühne gibt es dann noch ein bisschen Aufregung. »Ihr seid doch nicht ganz dicht«, sagte der »Störer« zu den beiden Schauspielern, »jeden Abend haut ihr härter zu, ich will 50 Euro mehr, oder ihr könnt euch einen anderen Idioten suchen.«

An dieser Stelle eine Frage an Sie, liebe Leser: Reicht Ihnen dieser Schluss, oder hätten Sie es besser gefunden, wenn eines Abends dem gekauften Störer ein echter Störer zuvorkommt und die beiden Schauspieler nach Strich und Faden vermöbelt? Anschließend stellt sich heraus, er ist hoffnungslos in Elvira verknallt, hat noch keine Vorstellung verpasst, hält zufällig einige schwarze Gürtel in verschiedenen Martial-Art-Disziplinen, und ein Freund gab ihm den Tipp, es doch mal auf die Tour bei Elvira zu versuchen. Entscheiden Sie selbst, es ist Ihr Buch!

Die Kündigung

Frau Sörensen, so leid es mir tut, ich muss Ihnen kündigen.

Warum?

Ich bin mit Ihren Leistungen unzufrieden, sehr unzufrieden.

Das trifft mich hart.

Mich auch, glauben Sie mir das, und auch noch vor Weihnachten, aber es geht nicht mehr.

Ich bin mir keiner Schuld bewusst.

Wir reden hier auch nicht von Schuld, Sie sind einfach eine schlechte Reinigungskraft.

Wieso?

Sie hinterlassen die Wohnung nicht wesentlich sauberer, als Sie sie betreten.

Das stimmt nicht, ich dusche jedes Mal nach der Arbeit.

Aha. Wie schön. Noch schöner wäre es, wenn Sie Ihr Reinlichkeitsbedürfnis auch auf den Fußboden, die Teppiche, das Geschirr, das Badezimmer usw. ausdehnen würden. Und bitte hören Sie auf zu weinen.

Es ist nur, weil mein Sohn verhaftet wurde.

Ach Gott, was hat er denn getan?

Sehen Sie, Sie sind genau wie die Polizei, Sie sind davon überzeugt, dass er es getan hat.

Was denn?

Angeblich ist er bei einem Juwelier eingebrochen. Aber so was würde mein Flori nie tun.

Nun, wenn er unschuldig ist, wird sich das ja herausstellen.

Ja, aber der Wachmann, den er niedergeschlagen ... also ...

der niedergeschlagen wurde und der bezeugen könnte, dass er es nicht war, schwebt in Lebensgefahr, weil der Täter ihn mit einer Bronzestatue traktiert hat.

Klingt sehr grausam.

Ja eben. Und das passt so gar nicht zu meinem sanften Sohn.

Haben Sie nicht erzählt, er war mal Boxer und hat einen Gegner halb totgeschlagen?

Ja, aber da war er fast noch ein Kind.

Und bei der Bundeswehr, war da nicht mal was mit Waffendiebstahl, Panzerfäusten und Handgranaten, die später bei Raubüberfällen zum Einsatz kamen?

Nein, da müssen Sie ihn verwechseln.

Was sagt denn Ihre Schwiegertochter zu der Sache?

Die Schlampe hat ihn schon vor Monaten verlassen.

Warum?

Das Flittchen hat ihn betrogen, und mein armer Flori ist ausgerastet. Eheliche Treue geht ihm über alles, da kommt er ganz nach seiner Mutter. Und da hat er kurzzeitig die Beherrschung verloren. Aber so schlimm, wie die falsche Schlange es dargestellt hat, waren die Trümmerbrüche nicht.

Was macht eigentlich Ihr Mann?

Och, dem geht es den Umständen entsprechend gut.

Was heißt das?

Na ja, er hat mich vor sieben Jahren verlassen und zahlt nicht, und Flori hat ihn mal besucht, um ihm ins Gewissen zu reden.

Moment, es klingelt, Sekunde, ich mach gerade auf.

Flori, mein Flori, haben Sie dich freigelassen? Es gibt doch noch Gerechtigkeit.

Nein Mutter, ich bin abgehauen, habe leider einen Bullen schwer verletzt, bin deswegen ein bisschen in Eile, aber als ich deinen Zettel auf dem Küchentisch gefunden habe: Lieber Flori, bin bei Herrn Huber putzen, habe das Gefühl, er will mir kündigen, könntest du mal ein ernstes Wort mit ihm reden, da bin ich halt hergekommen. Ist da was dran, Herr Huber?

Frauen essen fast nie Nüsschen

Die Hotelbar hatte gerade geöffnet und war noch leer. Nur am Tresen saß eine Frau, Ende zwanzig, gut aussehend, teure Klamotten. Ich setzte mich zwei Hocker weiter. Das müsst ihr euch merken: Immer zwei Hocker weitersetzen, das lässt alles offen. Kontaktaufnahme ist möglich, aber nicht zwingend. Es bedeutet: Hallo, da bin ich, wenn du mich brauchst, aber wenn du deine Ruhe willst, auch gut, ich bin keine Bedrohung, nicht mal lästig. Zwischen uns stand eine Schale mit Erdnüssen. Natürlich war ein Löffel drin. Erdnüsse kann ich immer essen, auch nach einem Sechs-Gänge-Menü. Meistens sind die Erdnüsse in Hotelbars heiß umkämpft. Dann steht der Löffel nicht still. Rechte Hand zum Löffel, eine Ladung aufnehmen, in die Linke kippen, und dann wird's spannend: Schmeißt die Linke die ganze Ladung auf einmal in den Mund, oder bleibt sie halb geöffnet und gestattet der Rechten, ein Nüsschen nach dem anderen aufzupicken?

Frauen essen fast nie Nüsschen, wahrscheinlich wegen der Kalorien. Aber wenn vier Männer auf eine Schale Nüsse kommen, wird's eng. Eine Schale pro Mann ist besser. Wie schafft man das? Ganz einfach, merkt euch das: Laut in die rechte Hand niesen, sich noch mal langsam über Mund und Nase wischen, dabei hochziehen, die Linke geht zum Nusslöffel, legt ihn zur Seite, die Rechte geht in die Nüsse, tief rein, vielleicht noch mal umrühren, eine Ladung rausholen und direkt in den Mund befördern, mit Schleimhautkontakt. Damit ist sie als mein Revier markiert, wie man in der Hundewelt sagen würde. Wenn neue Gäste kommen, immer mal wieder direkt auf die Nüsse husten. Aber das alles ist nur angezeigt, wenn keine Dame im Spiel ist, mit der vielleicht noch was gehen soll. Dann hält man sich aus den Nüssen raus. Es gibt nichts Schlimmeres, als wenn die Frau nach dem Knutschen fein gemahlene fremde Nussstückchen in ihrer Mundhöhle vorfindet, glauben Sie mir.

Die Frau orderte einen Martini Cocktail. Das ist für den Profi-Flirter eine Steilvorlage, besser geht's nicht. Ich winke dem Barmann und sage: »Das ist eine gute Idee, aber wie sagt der alte Lateiner: Variatio delectat. Ich nehme« – und Obacht, schreibt euch das auf – »dasselbe, aber als« – und jetzt gibt es drei gute Möglichkeiten: Montgomery, Cajun Martini oder Gibson. Bei allen dreien wird der Barmann vermutlich nachfragen müssen, das gibt uns Gelegenheit zu glänzen. Beim Gibson ersetzt man die Olive durch eine Silberzwiebel, beim Cajun Martini ersetzt man den Gin durch Wodka und die Olive durch ein Stückchen Jalapeño, einer scharfen eingelegten mexikanischen Peperoni, und der Montgomery hat die beste Geschichte. Hier beträgt das Mischverhältnis statt 4 zu 1, wie es üblich ist, 19 zu 1 – für den Gin, wohlgemerkt. Der Name geht angeblich auf den englischen General Montgomery zurück, der nur angriff, wenn er eine neunzehnfache Übermacht besaß.

Für diese Version entscheide ich mich meistens, weil im Idealfall die Frau dann sagt: »Oh, ein Cocktail-Kenner, das ist heutzutage selten geworden in der Red-Bull-Ära.«

Und genau das sagte die Frau. Was mir wiederum die Gelegenheit gab zu sagen: »Ich ahne das Schlimmste, der Barmann ist ein Blender, er hält den Shaker ganz falsch, mit einer Hand hoch und runter, lächerlich, das gibt's in schlechten Filmen, man hält ihn waagerecht mit beiden Händen oben und unten und dann sehr kräftig so lange schütteln, bis er beschlägt, vielleicht sieben Sekunden, sonst verwässert das Zeug zu sehr.«

Als die Drinks kamen, blinzelten wir uns verschwörerisch zu. Ich schob ihr meinen rüber, ohne getrunken zu haben, und meinte: »Möchten Sie den englischen Feigling mal probieren?« Sie nippte und machte erwartungsgemäß: »Ups, der ist aber stark, das ist ja wohl wirklich was für harte Männer.«

Dabei berührte sie schon meine Hand. Wenn man jetzt nicht alles falsch macht, ist die Sache so gut wie gelaufen. Ein bisschen Small Talk, immer schön nicken, zuhören muss man gar nicht, lieber den Eingang im Auge behalten, ob nicht noch was Besseres reinkommt, kam aber nicht, und beim dritten Drink, wir hatten beide einen Gibson, der übrigens – und jetzt die Ohren gespitzt – den großen Vorteil hat, dass die Frau meist sagt: »Ich mag keine Silberzwiebeln, mögen Sie meine?« Dann kann man den Mund ganz leicht öffnen und so signalisieren, dass man die Zwiebel von ihr hineingeschoben bekommen möchte, was das Prickeln schon mal verschärft.

Alles kam genau so, und dann sah sie mich an und sagte: »Ich heiße Maria und bin Jungfrau. Viele glauben mir nicht, aber ich heiße wirklich Maria. Ich war Jungfrau, habe es aber aufgegeben.«

Und bevor ich sagen konnte: »Das ist ja ein Ding: Ich heiße Josef und habe mal Schreiner gelernt, bevor ich Kreativdirektor einer Werbeagentur wurde«, fuhr sie fort: »Dreihundert die Stunde, interessiert?«

Der Auftrags-Handy-Mord

Gustav hatte sich gerade den Plastikbeutel über die rechte Hand gezogen, um das Würstchen seines asthmatischen Mopses zwecks späterer Entsorgung aufzunehmen, da sah er im Gebüsch etwas schimmern. Einen Moment geriet er mental ins Straucheln ob der Überfülle koordinatorischer Aufgaben, die sich plötzlich vor ihm auftürmte, besann sich dann aber auf seine Notfallentspannungstechniken und konzentrierte sich erst mal zwei Minuten auf seinen Atem. Kühl bis ins Mark ließ er dann Hundekot Hundekot sein und nahm stattdessen mit dem Plastikbeutel den Gegenstand auf, um etwaige Fingerabdrücke nicht zu verwischen und vor allem keine eigenen zu hinterlassen – da kam der erfahrene Krimikonsument zum Vorschein –, als das Handy klingelte. Nach einer kurzen Panikattacke nahm er das Gespräch an.

»Ja?«

»Mit wem spreche ich?«, fragte der Anrufer.

»Mit dem Besitzer dieses Handys«, sagte Gustav und geriet gleichzeitig fast in Entzücken darüber, was für eine coole Socke er war.

»Sie sind mir empfohlen worden«, fuhr der Teilnehmer fort, »für eine sehr… spezielle Sache…«

»Wie speziell?« Gustav schien es, als höre er sich selbst von außerhalb seines Körpers zu, und staunte weiter.

»Würden Sie mich für 50 000 Euro umbringen?«

»Aber ich kenne Sie doch gar nicht…« Gustav erkannte sich langsam wieder.

»Nun, ich dachte, das ist bei Auftragskillern immer so«, hörte er den Fremden sagen.

»Ja sicher«, räumte Gustav rasch ein, »aber es killt sich natürlich leichter, wenn man einen triftigen Grund hat, wenn der … die … das … Opfer mir einen Grund gibt, es umzubringen, dass es mich vielleicht mit meiner Frau betrogen oder meinen Mops überfahren hat …«

»Hören Sie, ich habe weiß Gott weder Zeit noch Lust, Ihre Frau zu überfahren, auch nicht Ihren Hund …«

»Nein, da haben Sie jetzt etwas durcheinandergebracht, Sie sollen den Hund überfahren und meine Frau …«

»Das wird mir langsam zu blöd, machen Sie es nun oder nicht?«

Was Gustav jetzt dringend brauchte, war Zeit. Also griff er zum ältesten Handy-Trick der Welt: »Hallo, ich höre Sie nicht mehr … Hallo … Ich bin hier in einem Funkloch, ich rufe später zurück«, und beendete das Gespräch. Die Nummer des Unbekannten war ja in der Anrufliste gespeichert, er hatte also Zeit.

Sein Mops befand sich mittlerweile im Dünnpfiffmodus, was Gustav aber eher wohlwollend registrierte, denn dafür sah er keine Transportmöglichkeit. 50 000 Euro sind viel Geld, aber einen Mitmenschen umzubringen, ging ja gar nicht. Dafür war er der Falsche. Was aber, wenn er jemanden fand, dem das nichts ausmachte, der vielleicht sogar Freude an der Herausforderung hatte und sich mit deutlich weniger Entgelt zufrieden geben würde, vielleicht 500 Euro? Gustav ging im Geiste seinen Bekanntenkreis durch. Sein Vater war 76, und er wohnte in Bottrop, und seit der missglückten Hüftoperation war er auf einen Rollator angewiesen, alles keine optimalen Voraussetzungen für einen Auftragsmord. Zu seinem Bruder Franz hatte er schon lange keinen Kontakt mehr, seit der einen Entzug ge-

macht hatte, gab er derart nervtötend den Moral- und Gesund-
heitsapostel, dass Gustav den Umgang mit ihm als schlicht zu
anstrengend empfand. Der würde ihm auch ganz bestimmt
mit ethischen Bedenken kommen, also abgehakt. Nach länge-
rer Überlegung erschien ihm seine Mutter als noch am ehes-
ten geeignet, sie hatte immerhin ihn und seinen Bruder, und
als sie aus dem Haus waren, auch noch den Vater, etliche Male
verprügelt. Aber das Know-how für einen Auftragsmord traute
er ihr doch nicht zu.

Plötzlich musste er lachen. Ein Witz war ihm eingefallen:
Ein Mann kommt ins Bordell, hat aber nur fünf Euro. Die Puff-
mutter sagt: »Dafür kannst du dir höchstens selbst einen run-
terholen!«, und weist ihm die Tür. Eine halbe Stunde später
klingelt er wieder. »Was willst du denn jetzt?« »Bezahlen.«

Das war es doch! Gustav hatte irgendwo gelesen, dass die
Schweizer Sterbehilfeorganisationen ein Mittel verwenden,
das man mit Wasser einnimmt, nach drei Minuten schläft
man ein, nach fünfzehn ist man, wenn die Dosierung stimmt,
tot, schlimmstenfalls wacht man wieder auf und probiert es
noch mal. Er brauchte also dieses Mittel, würde es dem Auftraggeber zur Verfügung stellen, gegen Zahlung von, sagen wir,
45 000 Euro, da hatte der immerhin satte 5000 Euro gespart
und könnte sich jederzeit schmerzfrei selbst aus dem Verkehr
ziehen. Sein Hausarzt würde ihm das Zeug sicher beschaffen
können, denn der neigte dazu, über seine Verhältnisse zu leben, und nähme 2000 Euro sicher dankend an.

Gustav merkte, wie Euphorie sich in ihm ausbreitete wie die
berühmte fliegende Hitze, von der Menopausenfrauen immer
so gern berichten.

Er zog einen Block hervor, um sich eine To-do-Liste zu
machen.

1.) Am hellerlichten Nachmittag einen trinken gehen. Das haben wir uns verdient, setzte er in Klammern dazu.

2.) Hausarzt um einen Termin bitten.

3.) Auftraggeber unverbindlich um Herausgabe eines Teilbetrages bitten, da eine Lösungsmöglichkeit zum Greifen nahe sei.

4.) Buchung einer 14-tägigen Kreuzfahrt. Das war zwar was Feineres, aber durchaus erschwinglich, und das war Gustav wichtig: Bodenhaftung behalten, auch oder gerade jetzt, wo ein höherer Geldbetrag ins Haus stand, als er ihn sich jemals hätte träumen lassen, denn als Politiker kann man nun mal keine großen Sprünge machen.

Das Ganze stellte sich dann als Falle heraus, die ihm eine große Zeitung gestellt hatte. Seine Hundelaufwege auszuspähen und das Handy dort zu platzieren, war kein Ding gewesen, die Gespräche waren aufgezeichnet worden. Gustav konnte es zwar so hindrehen, dass er nur zum Schein auf das Angebot eingegangen sei, um Zeit zu gewinnen, da er gleich eine Falle gewittert habe, aber seinen geheimen Traum, einmal Bundespräsident zu werden, konnte er sich natürlich von der Backe putzen.

Interview mit einem Kannibalen

Hallo, ich bin der Jürgen. Und Sie?

Ich heiße Horst.

Was machen Sie so?

Ich bin Kannibale.

Kann man davon leben?

Aber ganz wunderbar, viel Eiweiß, kaum Kohlenhydrate, das hält schlank, sollten Sie auch mal überlegen. Nein, ein Scherz, ich bin Kannibalismus-Experte, ich halte Vorträge über Kannibalismus.

Gott sei Dank. Sie essen also keine Menschen?

Keine Bange, bei mir kommt niemand in den Kochtopf. Ich bin ein moderner Mensch. Ich habe eine Mikrowelle. Natürlich ein Scherz.

Erzählen Sie mal, wie sind Kannibalen denn so drauf?

Wir können ja ein Kannibalen-Quiz machen.

Au ja.

Wie nennen Kannibalen einen Mediziner?

Weißkittel?

Nein, Hot Doc. Was ist für den Kannibalen ein Holländer mit einem Pfeil im Rücken?

Ein gefundenes Fressen?

Nein. Ein Käsehäppchen! Was sagt ein Kannibale, wenn er im Fernsehen eine Demonstration sieht? Ah, ein Menschenauflauf!

Das ist gut, jetzt hab ich aber auch mal einen, wie nennt der Kannibale eine frigide Frau ohne Busen?

?

Kalte Platte.

Sehr gut! Was sagt ein Kannibale, der seine Mutter gegessen hat?

Mutter schmeckt immer noch am besten.

Geschmacklos. Er sagt natürlich: Ich Ärmster bin Halbwaise. Und was sagt ein Kannibale, der seinen Vater gegessen hat?

Ich bin pappsatt?

Nicht schlecht, Respekt.

Wie schmeckt eine Domina? Streng.

Auch schön. Was sagt der verliebte Kannibale zu seiner Freundin? Ich hab dich zum Fressen gern.

Wie nennen Kannibalen einen Rollstuhlfahrer?

Vielleicht Rollbraten?

Fast. Essen auf Rädern.

Warum essen wir am liebsten Politiker?

Keine Ahnung.

Viel Sitzfleisch, kein Rückgrat.

Ich bin ja der Letzte, der etwas auf ethnische Klischees gibt, aber stimmt eigentlich dieses Vorurteil, dass schwarze Mitbürger große Glieder haben?

Ich will Ihnen eine Geschichte erzählen. Ich bin in der Badeanstalt, dusche mich, ein Weißer guckt so und sagt: Wie kriegt man so 'nen Eumel? Ich sage: Einen Monat lang einmal mit 'nem Hammer draufhauen. Zufällig treff ich den Typ nach einem Monat in einer Kneipe wieder und sage: Und? Schon größer geworden? Das nicht, aber die richtige Farbe hat er schon.

Zum Abschluss vielleicht noch einen Kannibalenwitz?

Sehr gerne. Ein Kannibale kommt aus dem Knast. Fragt ihn sein Kumpel: »Wie war denn das Essen dort?« Kannibale: »Einfach unmenschlich!«

Na ja, haben Sie vielleicht noch einen besseren?

Okay. Klimakonferenz in Afrika beendet, auf dem Rückflug Absturz im Kannibalengebiet. Drei europäische Politiker über- leben und werden gefangen genommen. Der Häuptling fragt den ersten. Wer bist du? Ich bin der italienische Präsident. Wunderbar, aus dir machen wir Saltimbocca. Und wer bist du? Der französische Präsident. Gut, aus dir machen wir Boeuf Bourgignon. Und wer bist du Trulla? Ich bin die deutsche Bun- deskanzlerin. Super, in Deutschland studiert mein Sohn, was willst du essen, Saltimbocca oder Boeuf Bourgignon?

Sollten Sie diese Geschichte einmal vortragen wollen, hier ein Tipp. Ich selbst trage sie als Bauchrednernummer mit einer Karnevals-Kannibalen-Gummimaske vor. Ist mal was anderes.

First Date

Ich saß in meinem Lieblingscafé, das Netbook aufgeklappt vor mir, und wartete auf Inspiration und meinen Milchkaffee. Zwei Tische schräg rechts vor mir eine nicht unattraktive Frau mit Brille in ihren Dreißigern sowie einem geblümten Kleid. Sie wirkte auf eine altmodische Art anziehend und zurückweisend zugleich. Offensichtlich warteten wir beide. Sicherheitshalber richtete ich schon mal das fast unsichtbare Richtmikrofon meines akustischen Spions auf sie und steckte den Ohrhörer an seinen Platz. Diese Dinger sind der Hammer. Ich hatte sie mir spaßeshalber von einem Versandhandel schicken lassen, und seitdem hatten sie mir jede Menge Dialoge beschert, die sich ein mäßig begabter Schreiber beim besten Willen nicht ausdenken kann.

In diesem Moment überschlugen sich die Ereignisse. Mein Milchkaffee kam zeitgleich mit dem Mann, auf den meine Zielperson gewartet hatte. Meine Größe, meine Figur, aber hässlicher. Fand ich. Er sprach so laut, dass ich die Aussteuerung meines Mikros korrigieren musste.

»Warten Sie schon lange?«

»Nein, nein, ich bin gerade gekommen.«

Stimmte gar nicht, ich war vor zehn Minuten gekommen, da saß sie schon da.

»Gott sei Dank, Zuspätkommen beim ersten Date gibt ja schon mal Abzüge in der B-Note, aber es gibt hier einfach keine Parkplätze für einen großen Wagen.«

Ach du Scheiße! Was für ein großer Wagen, hätte sie jetzt

fragen müssen, ein Müllauto? Der Typ ist ein windiger Angeber, Mädchen! Warum sind viele Frauen kein bisschen selbstbewusst und schlagfertig? Nun, in meiner Geschichte würde sie es sein, das wäre ja gelacht.

In der Realität lächelte sie unsicher. Und zauberhaft. Was der Müllmann gar nicht mitbekam, weil er in die Speisekarte vertieft war.

»Haben Sie auch ein bisschen Appetit? Wenn ich aufgeregt bin, muss ich immer was essen, geht Ihnen das auch so? Blöde Frage von mir, entweder sind Sie nie aufgeregt, oder Sie essen zu wenig!«

Was war das denn? Plumper ging's ja wohl nicht. Obwohl: Fresssucht mit einem Kompliment zu kaschieren ist gar nicht so blöd, das würde ich mir mal merken.

Jetzt sagte die Frau auch mal was mit einer leisen, aber sehr erotischen Stimme. Rasch korrigierte ich die Aussteuerung nach oben, auch auf die Gefahr hin, dass mir der fette Angeber das Trommelfell perforierte.

»Ich kann nur noch kleine Mengen essen, seit meiner Operation. Ich wog mal das Dreifache, und mein verstorbener Mann, eine weltweite Kapazität auf dem Gebiet der Neurochirurgie, war mit einem Kollegen befreundet, der Magenverkleinerungen bei Adipösen durchführt…« »Adi was?«, trompetete der Simpel, »ich kenne nur Adiletten, bruhar!«

Er schüttete sich schier aus über seinen müden Kalauer, meine Abneigung begann Formen anzunehmen, aber die Frau ignorierte die Plattitüde einfach und sagte: »Adipöse Menschen leiden unter so starkem Übergewicht, dass es gesundheitlich bedenklich ist, also Handlungsbedarf besteht. Die Operation war erfolgreich, ich nahm innerhalb von zwei Jahren dreißig Kilo ab und habe nun Probleme, nicht zu dünn zu werden.«

»Beneidenswert«, brüllte der Mann, »dann sind Sie also

Witwe, das tut mir leid, sind Sie berufstätig, wenn ich fragen darf?«

»Ich habe ein beträchtliches Vermögen von meinem Mann geerbt, ein noch größeres von meinen Eltern, was mich in die Lage versetzt, sorgenfrei auf meinen verschiedenen Besitzungen in aller Welt zu leben.«

Halleluja! Und dann so ein trutschiges Kleid und eine Kassenbrille! Entweder die Braut ist obercool, oder da war was faul.

In meine Überlegungen hinein sagte sie: »Jetzt erzählen Sie aber mal von sich!«

»Also, ich heiße Erwin Lottemann und …«

»… eröffne demnächst mit dem Papst eine Herrenboutique in Wuppertal«, unterbrach sie ihn, »das ist auch eine meiner Lieblingsnummern von Loriot, da haben wir ja schon mal was gemeinsam, jetzt aber im Ernst!«

Jetzt hatte sie richtig energisch geklungen, und sie hatte plötzlich auch eine andere Körperspannung. Faszinierend.

»Also ich heiße wirklich Erwin, aber Löbpold, aber das wissen Sie ja, bin Gastronom, hatte verschiedene Großbetriebe, aber, ich sage es ganz offen, auch ein paar Pechsträhnen in der Vergangenheit, bin aber im Moment dabei, mir ein neues Standbein aufzubauen …«

Standbein aufbauen, ich fass es nicht! Eine Metaphorik, dass es einer Sau graust, da sperrt sich ja glatt die Tastatur.

»Ich habe die Möglichkeit, ein sehr schönes Restaurant in bester Lage zu eröffnen, ich bräuchte halt …«

»Geld?«, unterbrach sie ihn, »das wäre überhaupt kein Problem, ein gemeinsames Restaurant wäre ein Traum, denn ehrlich gesagt, Geld allein macht nicht glücklich, kann sogar ganz schön langweilig sein. An welche Art Küche hatten Sie denn gedacht?«

»Mir schwebt eine Art Weltreise vor, ein paar Standardge-
richte aus den Hochküchen der Welt, bisschen japanisch, bisschen Thai, Italien, Türkei, alles superfrisch und auf höchstem
Niveau, dazu die entsprechenden Weine…«

»Genau mein Traum, Herr Löbpold, wie viel fehlt Ihnen
denn?«

»Ich trau mich fast nicht, es zu sagen, aber mit 20 000 wäre
ich, äh, wären wir erst mal aus dem Gröbsten raus, und dann
könnte es in zwei Monaten losgehen, die Handwerker stehen
Gewehr bei Fuß, die Köche warten auf meinen Anruf, genau
wie die Weinhändler.«

»Wissen Sie was, ich schreibe Ihnen gleich einen Scheck
aus, damit Sie loslegen können, ist ja echt nur ein Klacks für
mich, ach ich freu mich so!«

Sie holte ein Scheckbuch aus der Handtasche und stellte
den Scheck aus. Frauen dürfen sich echt nicht wundern, wenn
sie über den Tisch gezogen werden. Ich war drauf und dran,
rüberzugehen und zu sagen: »Mädel, willst du dir nicht ein
paar Sicherheiten geben lassen und vielleicht erst mal Ver-
träge machen, aber das ging natürlich nicht.

Der Typ grapschte sich den Scheck und rief: »Beate, Sie wissen nicht, wie glücklich Sie mich gemacht haben. Sie werden
es nicht bereuen, aber jetzt muss ich los und versuchen, eine
Firma wieder an Bord zu holen, die mir heute Morgen abge-
sprungen ist. Wir telefonieren – und vielen, vielen Dank!«

Der Typ stand auf und haute mit dem Scheck ab. Die Frau
murmelte etwas, das wie »Zugriff« klang. Vor der Tür wurde es
laut. Die Frau sah mich unverwandt an, stand auf, setzte sich an
meinen Tisch, zog einen Dienstausweis und sagte: »Himmelreich, Kriminalpolizei. Der Mann wird gerade draußen verhaftet, er hat im letzten halben Jahr acht Frauen mit genau dieser
Masche um einige hunderttausend Euro erleichtert. Dass Sie

hier mit ihrer Spionagehörhilfe für Bausparer fremde Leute belauschen, ist zwar nicht strafbar, aber armselig. Und sollte ich irgendwo irgendetwas von dem lesen, was hier vorgefallen ist, sind Sie dran!«

Handgelenke lecken

Sie: Was machst du da?

Er: Ich lecke deine Handgelenke.

S: Warum?

E: Weil hier steht, dass das die weibliche Lust entfacht, weil die Haut dort sehr dünn ist und Berührungen intensiv wahrnimmt.

S: Ich würde aber gerne mein Ei essen, ohne alles vollzukleckern.

E: Schön, wenden wir uns dem Bauchnabel zu. Der wird hier auch als sensibel beschrieben. Apropos, da fällt mir ein Witz aus meiner Studentenzeit ein: Wozu dient der Bauchnabel?

S: Weiß nicht.

E: Wenn man, wie wir, im Bett frühstückt, kann man das Salz für das Ei reintun.

S: Sehr witzig.

E: Später gab es dann noch eine andere Version: Auf dem Weg nach unten kann man den Kaugummi zwischenlagern.

S: Sag mal, willst du mir den Appetit verderben?

E: Nein, ich wollte dich ein bisschen scharfmachen.

S: Ja, aber so bestimmt nicht und jetzt lass mich in Ruhe essen.

E: Hier steht, das Wichtigste beim Vorspiel ist das Küssen.

S: Herrgott noch mal, ich möchte jetzt nicht küssen, ich habe Ei im Mund!

E: Oh, erinnerst du dich an den japanischen Film Tampopo,

die Szene, wo das junge Paar vier oder fünf Mal ein rohes Eigelb mit den Mündern hin- und hergibt? Wollen wir das auch mal probieren?

S: Das ist ja eklig!

E: Die andere tolle Szene war: Er hat ihr reinen Alkohol in den Bauchnabel gegossen und einen Skorpion in die Pfütze gesetzt, und während seines Todeskampfes ist es ihr gekommen.

S: Ich glaube einfach nicht, was ich da höre, hast du gerade deine perverse Phase, oder was? Dann such dir doch eine Japanerin, mit der du das alles machen kannst. Ihr könnt ja auch mal tauschen, euch einen Skorpion mit dem Mund hin- und hergeben und euch rohe Eier im Bauchnabel aufschlagen.

E: Hey, das hätte ich dir gar nicht zugetraut, das macht mich jetzt aber scharf. Aber nein, eine Asiatin wäre nichts für mich: Hier steht, in China sind nur 20 Prozent der Frauen gern ganz nackt, und nur 4 Prozent sind komplett rasiert.

S: So, dann hätten wir das auch besprochen.

E: Oh, da fällt mir ein: Wenn du dir das nächste Mal die Beine rasierst, kannst du dann bitte nur eins rasieren?

S: Wieso das denn?

E: Damit sich das anfühlt wie zwei verschiedene Frauenbeine.

S: Sag mal, was liest du denn da für eine blödsinnige Zeitung?

E: Das stand da nicht, das habe ich mir gerade ausgedacht, ich mache mir eben Gedanken, wie ich unsere Beziehung bereichern kann.

S: Gib mal her … was ist das? Wie verhalte ich mich, wenn ich zum ersten Mal eine Frau nackt sehe. Nicht glotzen, weder gierig noch erstaunt, etwa weil sie dicker oder behaarter ist, als man dachte. Am besten sehen Sie in ihre Augen.

E: So 'n Quatsch, Augen habe ich selber.

S: Jetzt lenk mal nicht ab! Was soll das Gesülze von wegen Beziehung bereichern, wenn du in Wirklichkeit Sextipps für Singles liest? Los, raus aus dem Bett, mir ist der Appetit vergangen in jeder Beziehung!

E: Ich spüre negative Schwingungen, gebe dir deinen Freiraum und werde mich erst in den Abendstunden vorsichtig wieder annähern.

S: Tu das, ich werde ganz sicher nicht in der Nähe sein.

E: Aber nicht, dass es nachher heißt, ich hätte nicht alles versucht ...

Paul, grüß dich, du es klappt doch, ich komme mit kegeln. 20 Uhr Pudelkönig, bis gleich.

Wurstringe in Weißgold

Man hatte sich bei Bernd getroffen, um über einen originellen Heiratsantrag für Hansi zu beraten.

»Also was ich witzig fände«, sagte Günther, »du gehst mit ihr einkaufen, weil du versprochen hast, für sie zu kochen. Und dann hast du vorher mit dem Filialleiter des Supermarkts gesprochen, also mit mir, und der, also ich, lässt euch als Ehepaar ausrufen, als Herr und Frau Rosenbaum. Herr und Frau Rosenbaum werden in die Getränkeabteilung gebeten, und da steht dann ein kleiner geschmückter Tisch, praktisch ein Altar mit Schampus und Lachshäppchen, sie wird natürlich sagen, was soll das denn? Und dann sagst du: Klingt doch gut. Ich könnte mich daran gewöhnen, Herr und Frau Rosenbaum, hast du Lust?«

»Nein«, rief Alf, »das ist schon mal ausgesprochen popelig, Heiratsantrag im Supermarkt, geht's noch? Und was ist, wenn sie gar nicht Rosenbaum heißen will, wenn sie ihren Namen behalten oder einen Doppelnamen will, wie heißt sie noch gleich? Brettschneider. Da haben wir's: Herr und Frau Rosenbaum-Brettschneider bitte zur Käsetheke!«

Alf hatte sich richtig in Rage geredet und machte seinen halben Long-Island-Ice-Tea nieder.

»Und hast du vielleicht auch eine konstruktive Idee?«, fragte Hermjo. »Was dieser russische Milliardär gemacht hat, fand ich geil: Hat einen Unfall vorgetäuscht, seinen Wagen demoliert, sich selbst als Leiche zurechtschminken lassen, und seine Freundin kam dann auf dem Weg zu dem angeblichen Treffpunkt an der Unfallstelle vorbei, Riesenschreck, und als sie sich weinend über ihn warf, sagte er: April, April, oder was die Russen Entsprechendes sagen, ich lebe noch, freust du dich? Wollen wir heiraten? Hammer, oder?«

»Ganz toll«, sagte Hermjo, »also wenn ich meine Frau so erschreckt hätte, hätte sie mir mit dem Wagenheber den Schädel eingeschlagen.« »Mir fehlt bei den Vorschlägen die Eigenleistung«, rief Peter, Ex-Fallschirmjäger, Sportfanatiker und Stotterer. »Wenn du ihr beim Tandemsprung aus 3000 m Höhe im freien Fall einen Zettel zeigst, wo draufsteht: Ich öffne unseren Fallschirm nur, wenn du mich heiratest, das wär' was!«

»Hast du 'n Rad ab? Das ist nicht romantisch, das ist Erpressung, außerdem hab ich Höhenangst.«

»Dann geht ihr eben tauchen, und unter Wasser schneidest du ihr den Luftschlauch durch und zeigst ihr den Ehering und gleichzeitig dein Mundstück. Dann weiß sie, sie kriegt nur Luft von dir, wenn sie Ja sagt, das ist doch geil.«

»Ich glaub, du bist ein paarmal zu oft zu schnell aufgetaucht, davon kriegt man doch einen Dachschaden, habe ich gelesen.«

»Gut, dann eben Romantik, aber mit Eigenleistung: Du lässt dich beim Sex mit einer tollen Frau filmen, und wenn sie gerade kommt, guckst du in die Kamera und sagst: Liebe Lisa, das kannst du dein ganzes Leben lang haben, willst du? Und das Video zeigst du dann …«

»Lass mich raten«, rief Alf, »bei einem gemeinsamen Abend bei den Eltern, richtig? Ja, das wird schwer zu toppen sein. Jetzt sag du doch auch mal was, Hansi«, fuhr Alf den Bräutigam in spe an, »deinetwegen zerbrechen wir uns schließlich die Köpfe!«

»Also für mich tät's auch 'ne Nummer kleiner, schön zum Chinesen essen gehen und dann habe ich mir einen Glückskeks besorgt, wo drinsteht: Willst du mich heiraten? Und die Ringe sind dann in dem Pflaumenwein, den es immer auf's Haus gibt.«

»Na, das muss einem doch gesagt werden, dass du auf die Warmduscherschiene abfährst«, meinte Hermjo. »Eine Spur hipper wäre natürlich, du stellst ein Video mit einer Liebeserklärung bei Youtube ein mit dem Aufruf zu einem Flashmob zu einem bestimmten Zeitpunkt an einem großen Platz, wo eine Band steht und ihren Lieblingstitel singt, und dann machst du über Mikro deinen Antrag, und 2000 Leute rasten aus und werfen Blumen und Reis.«

»Ja genau«, meldete sich Bernd, »du fragst vor 2000 begeisterten Menschen: Willst du mich heiraten, liebe Lisa?, und sie sagt: Nö, warum? Läuft doch gut, so wie es ist. Das hat zumindest meine Olle zu mir gesagt, als ich sie fragte, und da war ich sehr froh, dass das keine 2000 Leute gehört haben, sondern nur der Fahrer von dem Heißluftballon. Ich hab in dem Moment wirklich kurz überlegt …«

»Die Olle aus dem Korb zu schmeißen, stimmt's?«, rief Peter begeistert.

»Nein, wir waren noch gar nicht gestartet, war zu windig an dem Tag, und so hat mich die Aktion wenigstens nichts gekostet, also hab ich ihr verziehen.«

»Ich möchte noch mal auf den Supermarkt zurückkommen«, sagte Günther fast trotzig, »zumal Hansi gerade gesagt hat, dass er es ein bisschen bodenständiger mag, die beiden gehen einkaufen, sind an der Wursttheke, Hansi fragt nach rheinischer Fleischwurst mit Knoblauch, und der Verkäufer, der in diesem Falle ich wäre, denn ich bin ja der Filialleiter, sagt: Wir haben heute eine besondere Empfehlung im Angebot, Wurstringe in Weißgold mit Brillantsplittern, garantiert in ihrer Größe, also das fänd ich toll.«

»Ich auch«, sagte Hansi, und seine Augen wurden feucht. »Ich glaube, ich muss euch was sagen. Lisa hat mich verlassen, wir hatten ein langes Gespräch, und ich habe ihr endlich gebeichtet, dass ich schwul bin und schon lange in Günther verknallt. Lieber Günther, könntest du dir vorstellen, Tisch, Bett und Wursttheke mit mir zu teilen?«

»Ja, sehr gerne«, strahlte Günther und brach in Tränen aus. »Und wenn du möchtest, könnte ich den Mond umbenennen. In Hansi!«

Ich möchte kein Arzt sein

Ich möchte kein Arzt sein. Ich halte das für eine ungemein aufreibende Tätigkeit, weil man ständig Menschen begegnet, mit denen man sich freiwillig nie umgeben würde, und dann muss man auch noch nett zu ihnen sein.

»Herr Doktor, ich hatte gestern drei Ameisen im Stuhl.«

»Tote Ameisen?«

»Nein lebendige.«

»Verspüren Sie manchmal ein Kribbeln im Bauch?«

»Nein.«

»Sind Sie sicher, dass es Ameisen waren?«

»Ja.«

»Und wie haben Sie es überhaupt bemerkt?«

»Ich habe mir mein Werk betrachtet, wenn ich das mal so salopp formulieren darf, und dachte: Nanu, was läuft denn da? Und dann bin ich näher ran und sah, dass es drei Ameisen waren.«

»Und was haben Sie dann gemacht?«

»Ich habe alles liegen lassen und bin gegangen.«

»Sie haben nicht abgezogen?«

»Nein.«

»Warum nicht, machen Sie das nie?«

»Doch, aber nicht, wenn ich mich im Wald entleere.«

»Ah, ich beginne zu verstehen, Sie haben einen Haufen in den Wald gesetzt und wundern sich, woher die Ameisen kommen? Die wohnen im Wald, die waren praktisch schon vor Ihnen da und haben sich ihrerseits gewundert, woher der Haufen kommt, obwohl sie das natürlich auch von den Tieren des Waldes kennen.«

Obwohl dieser Patient vermutlich eher unter die Fittiche eines Psychiaters gehört, und das möchte ich schon gar nicht sein, denn zu dem kommen ja nur Gestörte:

»Was ist ihr Problem?«

»Herr Doktor, ich sehe aus wie ein Pferd.«

»Das können Sie so nicht sagen. Okay, Sie haben ein längliches Gesicht, das stimmt schon.«

»Nein, nein, ich weiß schon Bescheid, und ich hab es so satt, schon in der Schule hat man mir nachgerufen, ›Fury‹, oder ›Hallo Mr. Ed‹, ich bin kurz davor Schluss zu machen.«

»Ruhig Brauner.«

Auch einige andere Berufe kämen für mich nicht infrage: Bei Markus Lanz sprach Daniela Katzenberger vor einiger Zeit über Anal-Bleaching, das kannte ich nicht, das machen Pornostars, um die Haut am After chemisch aufzuhellen.

Da sage ich mit Hape Kerkeling: Nein, das möchte ich nicht, weder aktiv noch passiv. Schon der Gespräche an der Theke wegen: »Was machen Sie beruflich?«

»Ich bin Anal-Bleacher. «

»Was ist das?«

»Ich helle Arschlöcher auf.«

»Wie jetzt, geben Sie besonders Blöden Nachhilfe?«

»Nein, ganz wörtlich, ich mache dunkle Arschlöcher heller.«

»Ach so wie Michael Jackson?«

»Nein, wie Daniela Katzenberger.«

»Aber die ist doch ganz helle.«

Es gibt auch Hobbys, für die man mich nicht begeistern könnte. Tieftauchen ohne Sauerstoffgerät zum Beispiel. Der französische Apnoe-Weltrekordtaucher Guillaume Nery sagt, in 115 Meter Tiefe sind die Lungenflügel nur noch orangengroß, haben gerade noch einen halben Liter Luft, dann lösen sich die Gase im Blut. Das fühlt sich an wie nach zwei Bier, wenn man ein bisschen betrunken ist, aber immer noch alles unter Kontrolle hat. Zitat Ende. Dafür hat er vierzehn Jahre trainiert, um sich zu fühlen wie nach zwei Bier. Wenn er gesagt hätte, man fühlt sich wie nach einer Pizza, einem Limonensorbet mit Wodka, zwei Flaschen Schampus und einer wilden Nacht mit Renate Künast oder Claudia Roth, ist ja alles Geschmackssache, dann fände ich es immer noch aufwendig. Und man kann ja nicht jeden Tag so einen Tauchgang machen. Wohingegen, zwei Bier stehen mir immer offen. Wenn's sein muss, mehrmals täglich!

Jesus-Erscheinung auf Schälmesser

Ich bin gerade aufgewacht und einer der reichsten Männer des Landes, wenn auch nicht in dieser Reihenfolge. Denn ein reicher Mann war ich ja schon, bevor ich aufwachte. Normalerweise stehe ich unmittelbar nach dem Wachwerden auf, tue die Dinge, die getan werden müssen, frühstücke mit meiner Frau und fahre in die Firma. Struktur, Rituale, Disziplin, die Eckpfeiler einer Karriere.

Heute ist alles anders. Meine Frau hat mich verlassen. Gestern. Es wird also heute schon mal kein Frühstück geben, es sei denn, ich mache es mir selber oder gehe irgendwo frühstücken. Und außerdem ist Silvester, der letzte Tag des Jahres, niemand arbeitet heute in der Firma. Ein verrückter Gedanke springt mich an: Was wäre, wenn ich heute mal nicht aufstehe? Der rationale, analytische Denker in mir meldet sich sofort zu Wort: Nun, dann wirst du wohl ins Bett machen, mehrmals vermutlich, und kurze Zeit später bist du verhungert, wirst irgendwann gefunden werden, übelst riechend, in deinen eigenen Ausscheidungen.

»Ist ja gut«, rufe ich und springe aus dem Bett. Wenig später sitze ich in einem Restaurant, das auch Frühstück anbietet, und verzehre das härteste weiche Ei meines Lebens. Auf einem großen Flachbildschirm läuft 3sat, das zu Silvester traditionell 24 Stunden Konzertmitschnitte sendet. Im Moment die Beach Boys. In meinem Herzen halten nostalgische Rührung und Mitleid mit den motorisch doch recht eingeschränkten Westcoast-Senioren Händchen. Nebenher studiere ich die

Bildzeitung. Wenn man Glück hat, findet man in dieser Zeitung Beiträge, die einem über den Tag hinaus Freude machen. Auf Seite acht hat's Zoom gemacht, reime ich euphorisiert und beginne, den Artikel auswendig zu lernen. Überschrift: Jesus-Erscheinung auf Schälmesser. Newcastle: Er schält Kartoffeln für das Weihnachtsessen, als Matt Sculley (38) plötzlich eine Erscheinung hat. Auf der Messerklinge sieht der Zimmermann aus Billingham das Gesicht von Jesus Christus. Scully: »Unglaublich! Es war ein ganz normales Messer und eine normale Kartoffel!« Das Jesus-Messer will er jetzt eingerahmt an die Wand hängen. Und was ist mit der Kartoffel?, möchte man fragen. Und weiter: Ist das Gesicht noch auf dem Messer? War der Zimmermann aus Billingham vielleicht vorweihnachtlich bedröhnt, sodass die Stärkeschlieren auf der Messerklinge ihm das Portrait des Erlösers vorgaukelten? Gibt es Zeugen, oder hat seine Frau ihn vielleicht auch am Vorabend dieser Ereignisse verlassen? Und wenn ja, bedeutet das vielleicht, dass ich heute auch noch etwas erleben werde, das Bild einen Artikel wert ist? Aber erst mal weiterlesen: Sarah Connor feiert mit Bushido, dem Mann ihrer Schwester, muss man hinzufügen, den Geburtstag ihrer Oma. Nun, das möchte ich nicht, habe auch gar keine Oma mehr. Was noch: Mia und Ben waren zum dritten Mal in Folge beliebteste Namen für Neugeborene. Betrifft mich nicht.

Was meine Frau wohl gerade macht? Etwa schon ein Kind, das sie dann Mia oder Ben nennen wird? Aber vielleicht werden die Namen nächstes Jahr gar nicht erneut Spitzenreiter? Egal. Mittlerweile jammen Keith Richards und Eric Clapton zusammen auf 3sat. Sind eigentlich ein schönes altes Paar, die beiden. Werden mir da etwa gerade die Augen feucht? Ich muss jetzt dringend etwas sehr Lustiges oder sehr Grausames lesen. Gott sei Dank habe ich immer meinen E-Book-

Reader bei. Was haben wir denn da alles drauf: Dave Barry, einer der witzigsten US-Autoren, und sein Buch »Wenn Männer in die Jahre kommen«. Na das passt doch! Dave wurde übrigens auch von seiner Frau verlassen und definiert seinen Humor als »Ausdruck des Ausmaßes der Erkenntnis, dass wir in einer Welt gefangen sind, die fast komplett ohne Vernunft ist. Mit Lachen überspielen wir die Beklemmung, die wir bei diesem Gedanken empfinden.« Er ist zweifacher Vater und beschreibt die postnatale Zeit aus der Sicht des Mannes. Man müsse sich unter anderem daran gewöhnen, dass man das Sexualleben eines Waffeleisens hat. Ich bin selbst ein Freund origineller Metaphern, und das ist eine. Ein Waffeleisen ist ungefähr das Letzte, was ich mit Sexualität in Verbindung gebracht hätte, und genau aus dem Grund hat Dave es wohl gewählt.

3sat zeigt mittlerweile das Hotel-California-Konzert der Eagles, einer meiner absoluten Lieblingsbands. Ich bin so begeistert, dass ich einen Weißwein bestelle. Das letzte Mal, dass ich tagsüber Weißwein trank, ist schon sehr lange her. Ich habe es mir abgewöhnt, als ich feststellte, dass ich, auch wenn ich frühzeitig mit Trinken beginne, damit fortfahre, und zwar genauso lange, wie ich getrunken hätte, wenn ich erst sehr spät begonnen hätte. Aber heute ist der letzte Tag des Jahres, meine Frau hat mich verlassen, die Eagles geben ein Konzert für mich, und ich lese Dave Barry, der nun den Geburtsvorgang schildert: Stellen Sie sich vor, Sie versuchen siebzehn Stunden lang, eine reife Pampelmuse durch ihre Harnröhre zu drücken. Das ist in etwa das, was die Frau bei der Geburt empfindet. Danach sind Sie in den betroffenen Regionen erst einmal so willkommen wie deutsche Truppen in Paris. Wieder zwei sehr schöne Bilder. Er schreibt aber auch über bescheuerte männliche Hobbys, wie sie zum Beispiel die »anonymen Bergmenschen« pflegen, circa dreißig Gestörte, die ihre Freizeit in der

Natur verbringen. Dabei unterziehen sie sich Mutproben wie Tells Apfelschuss, wobei einer der Heinis natürlich einen Pfeil in die Weichbirne bekam, mit Glück aber überlebte.

Liegt es am mittlerweile dritten Grauburgunder, dass ich den Wunsch verspüre, mein altes Bundeswehr-Einmannzelt aus dem Keller zu holen, in ein einsames Waldstück zu fahren und die Silvesternacht dort zu verbringen, nur ich, eine Flasche Jack Daniels und mein I-Phone, auf dem sich unter anderem ein Best-of-Album von Don Williams befindet, ein ziemlich zuverlässiger Tränendrüsendrücker. Um 0 Uhr würde ich dann meine Frau anrufen, um ihr mitzuteilen, dass ich im Freien übernachte, bis ich erfroren, verhungert und verdurstet bin, es sei denn, sie kehrt zu mir zurück. All das würde ich ihrer Mailbox erzählen, mich betrinken und irgendwann einschlafen. Irgendwann würde ich dann vom Blasendruck aufwachen, aus dem Zelt stolpern, um mich zu erleichtern, und einige Meter weiter in ein anderes Zelt stolpern, in dem wer liegt? Richtig: meine Frau. Auf Befragen würde sie angeben, eine innere Stimme habe ihr befohlen, sich ein Zelt zu leihen, und sie dann zu dieser Stelle dirigiert. Und dann würde sie noch fragen, ob ich ihr verzeihen könnte und sie zurücknähme.

Und dann hörte ich plötzlich ein gebrülltes »Paul« und wurde wach, diesmal wirklich und nicht im Traum. Und ich beschloss, nie mehr Alkohol zu trinken und dieses Mädchen neben mir erst mal besser kennenzulernen, bevor ich sie heirate und sie sich von mir trennt. Und dann sind wir aufgestanden, haben gefrühstückt und hatten des Weiteren ein sehr schönes Silvester im Rahmen meiner beschränkten finanziellen Möglichkeiten.

Mick Jagger hatte 4000 Frauen

Wir sehen wieder dieses Paar mittleren Alters, das im Bett frühstückt.

Sie: Guck mal, was hier im Zeitmagazin steht: Professor Sommer sagt, das einfachste Mittel, um einen längeren Penis zu bekommen, ist abnehmen. Eine Fettschicht am Bauch nimmt dem Penis viel von seiner eigentlichen Größe.

Er: Was hat das mit mir zu tun?

Sie: Du willst doch immer abnehmen.

Er: Ja, aber doch nicht deswegen, oder bist du irgendwie unzufrieden?

Sie: Im Gegenteil, wenn er sagt, eine Fettschicht nimmt ihm viel von seiner eigentlichen Größe, dann solltest du nicht zu viel abnehmen, nachher erschrecken sich die Leute noch in der Sauna oder denken, du bist Pornodarsteller.

Er: Wie kommst du denn jetzt darauf?

Sie: Steht auch hier. Der Professor sagt, Pornodarsteller werden aus den fünf Prozent rekrutiert, die einen überdimensional großen Penis haben.

Er: Na ja, das ist nun aber auch nicht wirklich verwunderlich. Die Frauen in den Pornofilmen sind ja nun auch nicht potthässlich.

Sie: Aber hier in der Gala steht: Mick Jagger hat einen Winzpimmel und ist ein lausiger Liebhaber, hat eine seiner Frauen erzählt, trotzdem hat's angeblich für viertausend Frauen gereicht.

Er: Das schaff ich in diesem Leben nicht mehr, da fang ich gar nicht erst an.

Sie: Wie viel Frauen hattest du eigentlich vor mir?

Er: Ich habe bei drei aufgehört zu zählen.

Sie: Ach, sind wir wieder witzig, aber mal im Ernst, wärst du lieber Mick Jagger oder hier der Typ, von dem Bild schreibt, er hat laut Guinness-Buch den größten Penis der Welt.«

Er: Nö, da braucht der Dödel doch beim Eregieren so viel Blut, dass der Typ immer ohnmächtig wird.

Sie: Aber es gibt immer Aufregung bei den Sicherheitskontrollen am Flughafen, steht hier, die denken, er hat eine Waffe in der Hose, und so was liebst du doch!

Er: Ja, aber ich will doch nicht auf mein Genital reduziert werden, ich will wegen meiner Persönlichkeit, meiner Güte, meiner Intelligenz bewundert und geliebt werden!

Sie: Aber das wird Mick Jagger doch auch nicht, sondern wegen seiner Prominenz.

Er: Aha, und wen hättest du lieber? Mick Jagger oder den Dödelkönig?

Sie: Weder noch, ich hab doch dich, aber du könntest die Frage ja noch anders formulieren, etwa so: Wenn du mich mit fremden Eigenschaften ausstatten könntest, würdest du mich dann eher wie Mick Jagger machen oder wie … wie nennst du das? Der Dödelkönig?

Er: Ja und, was würdest du antworten?

Sie: Von beiden ein bisschen.

Er: Hä? Was heißt das?

Sie: Na, Mick hat ja so gar keinen Bauch, und das find ich schon schön, und so ein, zwei Zentimeter vom Dödelkönig …

Er: Toll, den Tag werde ich mir rot anstreichen. Liebes Tagebuch, meine Frau erklärt mir gerade beim Frühstück im Bett, dass ich ihr zu viel Bauch und zu wenig Dödel habe. Warum hast du es nicht gleich zugegeben am Anfang des Gesprächs?

Sie: Ich wollte nicht, dass du sauer wirst.

Er: Ach, und jetzt ist dir das scheißegal, oder was?

Sie: Mein Gott, warum seid ihr Männer gleich immer auf dem Baum, wenn's um euer Anhängsel geht. König Faruk von Ägypten hatte angeblich einen Drei-Zentimeter-Dödel, und der hatte auch Kinder.

Er: Das wird ja immer besser, jetzt vergleichst du mich mit König Mikroschniedel!

Sie: Eben nicht, schließlich haben wir keine Kinder!

Nudisten sind schmerzfrei

Ich habe mal gelesen, dass es inspirierend ist, beim Schreiben einer Geschichte nackt zu sein. Also habe ich mich ausgezogen und sitze jetzt nackt am Computer. Draußen sind sieben Grad minus, aber das kann mir egal sein. Okay, was für eine Geschichte soll es werden, eine erotische? Nicht, dass ich am Ende von meiner eigenen Geschichte erregt werde, denn dann würde sie den Tatbestand der Pornografie erfüllen und könnte indiziert werden. Sollte meine Nacktheit überhaupt etwas mit dem Inhalt der Geschichte zu tun haben? Warum nicht? »Schließlich hängt alles irgendwie zusammen«, hat Dettmar Cramer, der Fußballprofessor, einmal gesagt, »wenn man sich am Hintern ein Haar ausreißt, tränt das Auge.«

Dabei fällt mir ein, ZZ-Top, die singenden Bärte aus Texas, haben angeblich mal ein Angebot abgelehnt, sich für sechs Millionen Dollar in einem Werbespot die Bärte abnehmen zu lassen. Unfassbar. Für sechs Millionen Dollar würde ich mir von einem Parkinson-Patienten im Endstadium den Sack rasieren lassen, nass wohlgemerkt. Oder Sie etwa nicht?

Tatsächlich scheint die Tatsache, dass ich nichts anhabe, meine Gedanken zu beeinflussen. Ich schaue an mir herunter und denke an eine Zeitungsmeldung: In Amerika hat man vor Kurzem einen 250 kg schweren Mann verhaftet, weil er für 35 000 Dollar Crack geschmuggelt hatte, in seinen Bauchfalten. Irgendwie hat man keinen Einfluss auf die Gedanken, die einem kommen. Im klassischen Griechenland wurden die Athleten bei den Olympiaden nackt gezeigt. Das wäre für mich ein Grund, mal wieder einzuschalten. Hochsprung der Damen, die sehen ja meist besonders toll aus, oder auch die Sprinterinnen. Sonst guckt man Sport ja nur, wenn Vertreter des eigenen Landes Siegchancen haben, das wäre mir unter diesen Umständen aber egal. Auch ins 50-Kilometer-Gehen der Männer würde ich mal reingucken, aber ich denke, der komische Effekt nutzt sich schnell ab.

Warum denke ich, wenn ich mich ansehe, ausschließlich an schlanke Frauen, hingegen dicke Männer? Da, schon wieder: Ich muss an eine Fotomontage aus dem Internet denken, links ein hübsches Schulmädchen am Computer, sie schreibt: »Hi, du klingst nett, wie alt bist du, und was machst du am liebsten nach der Schule?« Rechts sitzt ein abartig dicker nackter Kerl am Computer und schreibt zurück: »Ich bin 16 und Sportfanatiker, gehe oft joggen, Rad fahren und ins Fitnesscenter.«

Langsam beginne ich mich unwohl zu fühlen. Ich bin zwar allein, bis auf meine 22-jährige Putzfrau, die gerade saugt, nein Quatsch, ein blöder Scherz, aber ich bin ein bisschen prüde, das macht sicherlich die katholische Erziehung. Also FKK ist nichts für mich, weil ich ja auch mit meinem Körper nicht hundertprozentig zufrieden bin, ich finde ihn punktuell suboptimal. So wie viele Frauen sicher schon mal mit dem Gedanken gespielt haben, sich den Busen vergrößern lassen, habe ich schon ernsthaft erwogen, mir die Hoden verkleinern zu lassen. Sie lachen, aber das ist nicht schön, wenn man in eine Sauna kommt, und die Leute werden ohnmächtig. Oder im Urlaub, am Strand, wenn die Menschen mit Fingern auf einen zeigen: Kind: »Schau mal, der Herr Lippe hat wieder nur Unsinn im Kopf, hat sich zwei Apfelsinen in die Badehose gesteckt.« Vater: »Dat sind keine Apfelsinen, das sind Honigmelonen.«

Aber diese Hardcore-Nudisten sind ja schmerzfrei, die machen ja alles nackt. Shopping, Biking, Jogging, Nordic Walking,

Grilling. Wie kann man denn nackt grillen? Nicht nur dass es sehr leichtsinnig ist, zumindest für einen Mann, sich nackt mit einem Würstchen in der Hand womöglich noch fotografieren zu lassen, einer muss es ja auch machen, das Grillgut wenden und so. Und eine Schürze darf er ja auch nicht tragen, also wie steht der arme Sack da? Aus Spritzschutzgründen wahrscheinlich weit vornübergebeugt, um die Intimzone vor Funkenflug zu schützen. Inmitten hundert anderer Nackter um ihn rum. Das ist doch eine Position mit einem recht hohen Aufforderungskoeffizienten, man könnte fast von einem Schlüsselreiz sprechen. Jetzt lassen Sie da mal einen altgedienten Urologen bei sein. Der geht vielleicht einmal an Ihnen vorbei, vielleicht ein zweites Mal, aber beim dritten Mal sind Sie reif. Da kann der nichts für, das ist Pawlow, Reiz Reaktionsschema. Oder ein alter Stabsarzt mit 100 000 Musterungen auf dem Buckel. »Husten Sie mal. Noch mal, noch mal, seit wann haben sie diesen schlimmen Husten?« Nein, möchte ich nicht.

Eine Sache könnte ich mir lustig vorstellen, ein Nacktgottesdienst, und zwar der Moment, wo einer zu spät kommt und eine komplette Bankreihe einen Sitz weiter rutscht, um ihm Platz zu machen. Das Geräusch! Und dann der Schrei, denn einer zieht sich ja einen Splitter ein.

Und dann die Konversation bei so einer Nacktgrillparty, ist wahrscheinlich auch eher übersichtlich. »Sie haben eine Raupe am Glied!« »Das ist keine Raupe, das ist eine Krampfader. Das kommt vom vielen Stehen.«

Ich glaube für die anderen Geschichten werde ich mich mal wieder anziehen.

Pietät und Takt

Freund: »So Mathilde, das hätten wir, jetzt erst mal ein schönes Schnäpschen, du auch? Herr Ober, einen Weinbrand, ja sicher doppelt, ist ja kein Kindergeburtstag, sondern eine Beerdigung, 'tschuldigung, Mathilde. Meine Fresse, das ist vielleicht ein Tag! Mein Sohn hat eine Fünf in Mathe geschrieben, ich krieg 'ne Steuerprüfung, und jetzt noch das mit deinem Mann. Manchmal ist einfach der Wurm drin. Entschuldigung, das war jetzt blöd.«

Gast: »Mein Beileid, Frau Suermondt.«

Witwe: »Vielen Dank, Frau Piekenhagen.«

Freund: »Die Piekenhagensche ist ja auch so eine alte Heuchlerin, hat ja auch was mit dem Josef gehabt und macht jetzt bei dir auf Beileid, ach du lieber Gott, Mathilde, ich dachte du wusstest das? Oh das tut mir jetzt leid, jetzt vielleicht doch 'nen Schnaps? Nein, na, dann übernehm ich den. Herr Ober? Noch mal das gleiche bitte. Erwin, du hier? Ich dachte, dich hätte es längst vom Schlitten gehauen, da kannste mal sehen …«

Gast 2: »Herzliches Beileid, Frau Suermondt.«

Witwe: »Vielen Dank, Herr …«

Gast 2: »Welke, Erwin Welke, ich war ein Kollege Ihres Mannes …«

Freund: »Und der Erwin hat auch Hodenkrebs gehabt, den haben sie aber frühzeitig erkannt, oder Erwin, wie war das? Keine Manieren die Leute, geht einfach weiter.«

Gast 3: »Herzliches Beileid, Frau Suermondt.«

Witwe: »Vielen Dank, Herr Weidemann.«

Freund: »Wer war das denn? Ach, ehemaliger Kapitän zur See. Ja wo auch sonst, was? Gott sei Dank wollte dein Mann keine Seebestattung, da muss ich immer kotzen! Schwarz steht dir übrigens ausgezeichnet, Mathilde, du bist die geborene Witwe, wenn ich das so sagen darf. Och Gott, hast du dich verschluckt, oder wo kommt der Husten her, komm ich klopf dir auf den Rücken, sag mal hast du keinen BH an, ach da isser ja, na, da hätt ich jetzt aber doch gestaunt, in der Apotheken Umschau stand, in Amerika haben sie jetzt rausgefunden, dass Husten weggeht, wenn man sich Aktbilder anguckt. Gut, wenn man sie mal braucht, hat man keine dabei, oder hast du welche von dir mit, ach Quatsch, da müsste ich ja Husten haben, du müsstest dir welche von mir angucken, aber ich hab natürlich auch keine …«

Gast 4: »Mein herzliches Beileid, Frau Suermondt«

Witwe: »Vielen Dank, Herr Bolte«.

Freund: »Herr Bolte, haben Sie zufällig Aktbilder dabei, die Witwe hustet stark, ja was gucken Sie mich denn so an, lesen Sie keine Apotheken Umschau, oder was? Herr Ober, ein Notfall, guck mal, Mathilde, der Pfarrer, sitzt da so steif, als hätte er einen Besen im Arsch, verschluckt meine ich, wusstest du eigentlich, dass die Leichenstarre nach 36 Stunden, wenn die Muskelfasern zerfallen, wieder nachlässt? … 'tschuldigung, danke Herr Ober, Moment, nicht wegrennen mit der Flasche, ich tu Ihnen nichts, ich will nur ihr Bestes, danke … Du bist eigentlich ein Glückspilz, Mathilde, weißt du das? Man hat festgestellt, dass die Menschen am glücklichsten sind, die nach dem Verlust eines Partners einen neuen finden, also auf geht's! Mathilde, wo gehst du hin? Wir könnten doch noch ins Kino, Tod in Venedig oder so, oder ich hab auch schöne Pornovideos! Herr Ober, kommen se ma her. Kennen Sie den: Zwei

Männer auf dem Friedhof. Sagt der eine: Wen ham Sie verloren? – Meine Frau, aiai und Sie? – Meine Schwiegermutter. – Auch nicht schlecht. Herr Ober, jetzt rennen Sie doch nicht weg, ich kenn noch ganz viele! Blödmann, der wird sich bestimmt nicht totlachen!«

Til Schweigers nächster Film

Seit er klein war, hatte Edwin sich Kinder gewünscht. Er hatte schon keine jüngeren Geschwister gehabt, und seine Eltern hatten ihm verboten, mit Puppen zu spielen. Jetzt war er 32, finanziell abgesichert, aber ledig und kinderlos. Denn immer wenn er eine Frau kennenlernte, die ihm gefiel, hatte sein unbedingter Kinderwunsch das zarte Pflänzchen Zuneigung schon im Keim erstickt.

»Wollen wir miteinander schlafen?«

»Klar, warum nicht?«

»Nimmst du die Pille?«

»Schon, aber du nimmst doch wohl auch ein Gummi?«

»Nein.«

»Wieso denn nicht?«

»Ich will ein Kind!«

»Hast du 'n Rad ab?«

So ging das ein ums andere Mal. Schließlich kam Edwin darauf, dass man mit ein wenig Fantasie zumindest den Eindruck erwecken kann, Vater zu sein.

Methode eins. Man sucht völlig aufgelöst den Sicherheitsdienst in einem Einkaufszentrum auf und meldet seinen Sohn Thommy als vermisst. »Wir waren bei Saturn, bei den MP3-Playern, ich lasse mir gerade eines der Geräte erklären, da ist er plötzlich weg. Der Verkäufer sagt noch: Der ist bestimmt bei den Videospielen, wir haben doch jetzt die Generation nach Wii … Jedenfalls läuft das ganze Programm ab, Durchsage mit Beschreibung des Kindes und der Bitte, es zum Informationsschalter zu bringen. Das ist der Moment, wo man seinen Kumpel anruft, der mit seinem sechsjährigen Sohn Thommy in einem der Eiscafés sitzt und den ersten von drei versprochenen Eisbechern auslöffelt. Der trabt mit dem Sprössling an, die Beschreibung passt natürlich, der Kumpel gibt zu Protokoll, er habe das Kind allein rumlaufen sehen und, als er die Durchsage hörte, es gleich geschnappt und hergebracht, der Kleine spielt absolut professionell Wiedersehensfreude, schließlich ist das für ihn schon Routine. Es ist nur ein Spiel, aber Edwin findet es immer noch spannender, als den Kleinen Lord zu gucken. Oder »Wenn der Vater mit dem Sohne« mit Heinz Rühmann. Zur Not auch »Guck mal, wer da spricht«.

Am Telefon ist es noch einfacher, man führt ein normales Telefonat mit einem Bekannten und lässt Dinge einfließen, wie »Leonie, komm bitte vom Herd weg, der Topf ist heiß« – »Hast du ein Kind bei dir?« – »Ja, meine Tochter.« – »Du hast eine Tochter?« – »Ja, das ist eine lange Geschichte, die Mutter ist eine Bekannte von mir und ist jetzt nach sechs Jahren aufgetaucht und sagt, das Kind wär von mir … Himmelherrgott, Leonie, ich hab dir doch gesagt, du sollst da wegbleiben, scheiße noch mal, hast du dich verbrannt? Du, ich ruf dich später an, ich muss mich um meine Tochter kümmern.«

Edwin verbrachte viel Zeit auf Spielplätzen mit der Beobachtung von Müttern mit Kindern, wobei er sich ausmalte, eines Tages würde er die perfekte Partnerin finden, optisch und intellektuell sein Typ, geschieden oder verwitwet, mit einem Kind nach seinem Geschmack, Typ Streberchen, gern mit Brille, lieb, aber vor allem intelligent, wie das Mädchen in seinem Lieblingswitz:

Ein Manager wird im Flugzeug neben ein kleines Mädchen gesetzt.

»Wollen wir uns ein wenig unterhalten? Ich habe gehört,

dass Flüge schneller vorübergehen, wenn man mit einem Mit-passagier redet.«

Das kleine Mädchen, welches eben sein Buch geöffnet hat, schließt es langsam und sagt zum Manager: »Über was möchten Sie reden?«

»Ich weiß nicht«, antwortet der Manager, »wie wär's mit Atomstrom?«

»Okay«, sagt sie, »dies wäre ein interessantes Thema! Aber erlauben Sie mir zuerst eine Frage: Ein Pferd, eine Kuh und ein Reh essen alle dasselbe Zeug: Gras. Aber das Reh scheidet kleine Kügelchen aus, die Kuh einen flachen Fladen, und das Pferd produziert Klumpen getrockneten Grases. Warum, denken Sie, dass dies so ist?«

Der Manager denkt darüber nach und sagt: »Nun, ich habe keine Ahnung.«

Darauf antwortet das kleine Mädchen: »Fühlen Sie sich wirklich kompetent genug, über Atomstrom zu reden, wenn Sie beim Thema Scheiße schon überfordert sind?«

Aber alles, was Edwin seine Spielplatz-Recherchen ein-brachten, war die Anzeige eines Anwohners, in dem seine häu-fige Anwesenheit den Verdacht genährt hatte, einem Kinder-schänder auf die Schliche gekommen zu sein. Die Polizei fand natürlich beim eingehenden Verhör und der Durchsuchung seiner Wohnung und des Laptops nichts, der Kommissar gab ihm aber den Rat, eine Therapie zu beginnen, sowie die Tele-fonnummer seiner Tochter, einer Psychiaterin, die gerade ihre eigene Praxis eröffnet hatte, frisch geschieden mit einer klei-nen Tochter mit Brille, die gleich bei der ersten Sitzung herein-platzte und sagte: »Mami, Mami, ich habe geträumt, du hast dich in einen Mann verliebt und den geheiratet, und der ist ganz nett, ich habe ein Bild von ihm gemalt, das wollte ich dir zeigen…«

In diesem Moment bemerkte sie Edwin, bekam ganz große Augen und sagte: »Da ist er ja …«

»Genau«, sagte Til Schweiger, »da ist er ja, mein nächster Filmstoff, muss natürlich noch 'ne Entführung rein, und Edwin haut die Kleine raus, aber das ist Routine. Perfekt, Alter, ist gekauft der Stoff.«

Seitdem überlege ich, ob ich Til die Geschichte nicht wirklich schicken soll, was meinen Sie?

Vier für ein Höllelujah

Theaterstück in einem Akt

Gott tritt auf

Guten Abend, darf ich mich vorstellen? Ich bin Gott. Sie glauben mir nicht? Das kenn ich schon, das ist nichts Neues. Die Sache ist die: Im Himmel, wie ihr Menschen es immer nennt, gab es einen Putsch. Plötzlich, unerwartet, sozusagen aus heiterem Himmel. Der Teufel hat die meisten Engel bestochen, erpresst oder sich sonst wie gefügig gemacht und alle mir Ergebenen eingesperrt. Maria Magdalena, Maria, Jesus und ich konnten gerade noch fliehen, wir haben dann beschlossen, uns zu trennen und in anderer Gestalt auf der Erde unterzutauchen, um dem Teufel die Suche nach uns zu erschweren.

Ich habe mich für das Äußere eines durchschnittlichen deutschen Lehrers kurz vor der Pension entschieden, wie die anderen aussehen und wo sie stecken, weiß ich nicht, wie ich Jesus kenne, wird der sich irgendwas Schräges suchen, einen Politiker, der seine Doktorarbeit selbst geschrieben hat, einen kiffenden Surflehrer oder Fernsehkoch, keine Ahnung. Mit den Mädels ist es genauso. Und heute ist das Ganze ein Jahr her, und wir wollten uns im Intercity nach Köln treffen, der zwischen 13 und 14 Uhr in Berlin abfährt. Jetzt hält der Zug gerade in Bielefeld, bin mal gespannt, ob hier einer zusteigt, das Kennwort ist –

»Ist hier noch frei, das wäre himmlisch?«

Gott: »Maria?«

Maria: »Hallo Josef, das hat ja prima geklappt.«

Gott: »Du sollst mich nicht Josef nennen!«

Maria: »Er hört es doch nicht.«

Gott: »Wer?«

Maria: »Na, der Gehörnte.«

Gott: »Sag mal, wie siehst du denn überhaupt aus?«

Maria: »Ja, toll nicht? Gucci-Klamotten aus dem Outlet, 30 Prozent billiger!«

Gott: »Und woher hast du das Geld?«

Maria: »Ich habe eine tolle Stelle als Sexberaterin bei der Zeitung gefunden.«

Gott: »Du und Sexberatung? Entschuldige, das ist ja zu komisch …«

Maria: »… sagt einer, der sich immer vom Heiligen Geist vertreten lässt!«

Gott: »Und was für Tipps hast du da so gegeben?«

Maria: »Ganz verschieden. Kleine Spielchen fürs Bett, zum Beispiel der eine Partner schreibt zehn Körperteile auf einzelne Zettel, der andere zehn Dinge, die man mit Körperteilen machen kann, und dann ziehen beide jeweils einen Zettel vom anderen, und diese Aktion wird dann umgesetzt …«

Gott: »Na, ich weiß nicht, bei den Sachen, die mir so einfallen würden, entstünde da aber keine besonders erotische Atmosphäre!«

Maria: »Glaub ich dir aufs Wort. Wahrscheinlich Sachen wie verbrennen, erstarren lassen, annageln …«

Gott: »Na ja, bisschen moderner bin ich schon geworden, piercen, tätowieren, eingipsen, mit Brennnesseln bestreichen, Vogelspinne draufsetzen …«

Maria: »Gott sei Dank sind die Menschen nicht wie du!«

Maria Magdalena: »Ist hier noch frei, das wäre himmlisch!«

Beide: »Mama Lenchen, wie schön … aber …«

MM: »Aber was?«

Gott: »Wieso bist du schwarz?«

MM: »Ich habe als Zimmermädchen in einem New Yorker Hotel gearbeitet, und einen Tag putze ich gerade eine Suite, da kommt so 'n alter Sack aus dem Bad, nackt, sieht mich und will mir an die Wäsche. Und das war ein ganz hohes Tier, na kurz und gut, danach hatte ich finanziell ausgesorgt und habe gelebt wie Gott in Frankreich. Entschuldige, ist so eine Redensart. Und ihr?«

Gott: »Maria hat sich mit Sextipps über Wasser gehalten, und ich war Lehrer.«

Beide: »Du?«

Gott: »Was du? Meint ihr, ich bin kein guter Pädagoge?«

MM: »Ich weiß nicht, ob ich meine Kinder zu einem in die Schule schicken würde, der von Abraham verlangt, dass er seinen Filius auf einen Berg schleppt und opfert, und der seinen eigenen Sohn von den Römern verurteilen und …«

Gott: »Ist ja gut, ist ja gut, das ist doch nun wirklich lange her, mittlerweile bin ich auf dem neuesten Stand der Pädagogik.«

Maria: »Ach ja? Erzähl doch mal, was machst du zum Beispiel, wenn du einen Schüler in der Stunde beim Simsen erwischst?«

Gott: »Das war gerade letzte Woche. Da hab ich gesagt: ›Her mit dem Handy, Akku voll? Prima, Hefte raus, ihr schreibt jetzt einen Spontanaufsatz mit dem Thema: Was haben die Leute gemacht, bevor es Handys gab, und ich telefoniere in der Zeit mal ein bisschen in der Welt rum. Weiß einer die Vorwahl von China?‹ Oder ein anderer hat unter der Bank den Playboy gelesen, da hab ich mir den gegriffen und gesagt: ›Ah, das neueste Heft, das hatte ich noch gar nicht. Bis jetzt.‹ Sagt mal, wo bleibt der Kleine bloß?«

»Entschuldigt, wie war unser Kennwort? Ich hab's vergessen.«

Gott: »Jesus, so jung und schon dement. Ist hier noch frei, das wäre himmlisch!«

Teufel: »Reingefallen, alter Mann. Ich wollte nur sichergehen, dass ihr es wirklich seid. Grüße vom Filius soll ich bestellen, der arbeitet mittlerweile auch für mich. Witzige Idee, dass ihr glaubtet, dem Teufel in einem deutschen ICE durch die Lappen gehen zu können. Es ist Hochsommer. Der Zug wird gleich auf freier Strecke halten, unvorhergesehener Zwischenfall, die Klimaanlage fällt aus, die Türen lassen sich nicht öffnen. Na, lasst euch überraschen, dann könnt ihr euch schon mal an die Temperaturen in der Hölle gewöhnen.«

Weihnachten

Paul klingelte. Der Türöffner summte, und er trat in einen kleinen schummrigen Vorraum, nach dessen Durchquerung er in einen noch schummrigeren Raum trat, mit einer kleinen Bar, vor der drei Barhocker auf Kundschaft warteten. Hinter der Bar war eine Frau unbestimmbaren Alters mit Gläserputzen beschäftigt.

»Guten Abend«, sprach Paul sie an, »arbeiten Sie hier?«

»Sehen Sie doch«, gab die Dame mit einem östlich klingenden Akzent zurück.

»Arbeiten Sie freiwillig hier?«, fragte er weiter.

Der Gesichtsausdruck der Frau wechselte von mäßig interessiert zu höchst misstrauisch.

»Warum fragen, Sie Polizei?«

»Nein, es ist einfach nur für mein persönliches Gefühl sehr wichtig, dass die Intimpartnerin es aus freien Stücken macht, wenn auch auf ausschließlich monetärer Basis, wissen Sie?«

»Nein, weiß nicht.«

»Man hat Sie also nicht aus dem Osten verschleppt und zur Prostitution gezwungen?«

»Nein.«

»Darf ich fragen, wie alt Sie sind?«

»53.«

»Nun, mir hatte eine etwas andere Altersgruppe vorgeschwebt, aber Heiligabend ist nun mal der Abend der Überraschungen. Und Erfahrung ist ja wie in jedem Beruf auch ein Vorteil, möchten Sie vorher noch etwas trinken?«

»Nein, gehe ich zu Hause.«

»Aber ich möchte Ihnen doch beiwohnen!«

»Was?«

»Ich möchte … na ja, ich bin ein Kunde, verstehen Sie?«

»Ja, verstehe ich, und ich bin Putzfrau und jetzt Feierabend.«

In diesem Moment betrat eine stattliche Matrone, die zu annähernd fünfzig Prozent aus Dekolleté bestand, den Barraum.

»Na Elsbieta, verdrehste wieder den Freiern den Kopp? Mach dat de nach Hause kommst zu deinem versoffenen Mann, de Bescherung ist schon überfällig. So, Schätzchen, und jetzt zu dir. Ich bin die Tina. Wie wäret mit uns?«

Pauls Gedanken überschlugen sich. Er hatte seine Frau nach der Bescherung und den anschließenden traditionellen Würstchen mit Kartoffelsalat mit den Worten »Sei mir nicht böse Vera, aber ich brauch ein bisschen frische Luft, warte nicht auf mich, ich such mir 'ne Kneipe und baller mir einen, denk dir nichts dabei, hat nichts mit dir zu tun, ist wohl 'ne Weihnachtsdepri« sitzen lassen. Wie jedes Jahr. Erst unterwegs, nachdem er in drei Kneipen hineingeschaut hatte, in denen maximal drei Leute schweigend am Tresen hingen und in ihr Bier starrten, war der Plan gereift, ein Bordell aufzusuchen und es zum ersten Mal seit zwei Jahren untenrum krachen zu lassen.

»Gibt es denn vielleicht noch eine Alternative, verstehen Sie mich nicht falsch, Sie sind eine attraktive, stattliche Frau, aber ich bin mehr auf zartgliedrig fixiert …«

»Hungerhaken, schon klar, Meister, aber wir sind ein Kleinbetrieb, nicht das Pascha in Köln, hier gibt's nur mich, die Susi und 'ne Neue, die ist noch in der Probezeit.«

»Und wie sieht die Susi aus?«

»Gott, wie sieht die aus, hab sie mir jetzt länger nicht so genau angeguckt, schließlich kennt man sich seit dreißig Jahren, ist 'ne erfahrene Fachkraft, macht auch auf Wunsch auf streng, nix Dolles, bisschen Popoklatschen, Handschellen, Standardmucke halt, rote Haare hat'se, richtig.«

»Nein, das mag ich eigentlich nicht. Kennen Sie den Witz, wo ein Rothaariger zu einem Glatzkopf sagt: Na, dir wollte der liebe Gott keine Haare geben? – Doch, aber nur rote, und die mochte ich nicht.«

Paul lachte hektisch.

»Du bist ja ein ganz komischer Vogel, gut, dann zeig ich dir jetzt noch die Neue, und denn is jut. Rosi!«

Eine junge, hagere, etwas blasse Frau mit starkem Silberblick betrat zögernd den Raum.

Paul erstarrte. Er musste sich auf den Barhocker setzen, sonst hätten seine Knie nachgegeben.

»Lena«, sagte er.

»Papa«, sagte sie.

»Ach du Scheiße«, sagte Tina, »Rosi heißt Lena und ist deine Tochter, und du wusstest von nischt, toll, Schnäpschen auf den Schreck?«

Zwei Asbach später hatte Tina den perfekten Plan entwickelt.

Paul würde Vera, seine Frau, anrufen und sagen: »Schatz, stell 'ne Pulle Sekt ins Eis, ich habe einen alten Bekannten in der Kneipe getroffen, und den bring ich jetzt mit!« Und dann würde es zu Hause eine richtig schöne Versöhnung geben, denn die Tochter war vor fünf Jahren im Zorn von zu Hause fortgegangen, und seitdem hatte man nichts mehr voneinander gehört, wie es oft so geht.

Und so geschah es, nur dass bei Vera nur die Mailbox anging und Paul hörte: »Paul, wenn du es bist, mir war plötzlich so einsam und traurig, bin zu Lore gefahren und penn auch da, wir sehen uns morgen, trotzdem schöne Weihnachten.«

Nur wenige Gäste bevölkerten die Bar des vornehmen Hotels.

»Haben Sie eigentlich Familie?«, fragte der gut aussehende Geschäftsmann.

»Nein, mein Mann ist verstorben, und Weihnachten halte ich es zu Hause nicht aus, verstehen Sie?«

»Ja, sehr gut«, sagte der Mann und bedeutete dem Barmann, dass er zahlen wolle.

»Ich heiße übrigens Christian, und Sie?«

»Vera.«

Das Geographie-Liebesspiel

(Aus dem Theaterstück »Die wollen nur spielen«)

Sie: Jetzt nimm es nicht so schwer, das kann doch jedem passieren!

Er: Meinst du, das ist möglicherweise schon eine erste Alterserscheinung?

Sie: Aber nein, ich habe schon viel ältere Männer gehabt, die gefuhrwerkt haben wie die Stiere.

Er: Hast du gesagt »viel ältere« oder »viele ältere«?

Sie: Such's dir aus, stimmt beides.

Er: Da weiß man ja gar nicht, wohin mit so viel Trost.

Sie: Komm, lass uns was essen gehen oder ein bisschen shoppen!

Er: Nichts da, jetzt pack ich meine Geheimwaffe aus, das Geographieliebesspiel, danach geht es eigentlich immer.

Sie: Klingt spannend.

Er: Leg dich auf den Bauch, und stell dir vor, du bist Europa …

Sie: … und du der Stier!

Er: … jetzt hör doch mal auf! Dein Rücken ist Europa. Die linke Schulter ist England, die rechte Estland, Lettland und Litauen. Deutschland und Polen, die Beneluxländer usw. wären die Mitte vom Rücken, dann käme die Po-Ebene, und der Hintern wäre Italien. Wenn er sehr dick ist, wenn Italien also expandieren würde, würde er links bis nach Mallorca und rechts bis zum Schwarzen Meer gehen … aber bei dir natürlich nicht. Okay, machen wir eine erste Stichprobe …

Sie: Da warte ich ja schon den ganzen Abend drauf …

Er: Nun ist aber mal gut! Wo bin ich jetzt?

Sie: Keine Ahnung, Norwegen?

Er: Nein, Norwegen und Schweden wären in Kopfhöhe, hier so.

Sie: Ja, kraul mal da … nein, mehr rechts. Ja da …

Er: Und wo bin ich jetzt?

Sie: An derselben Stelle, wo mein Friseur mich immer massiert.

Er: Also, in Uppsala.

Sie: Nee – in Neukölln!

Er: Letzter Versuch, konzentrier dich bitte: Wo bin ich jetzt?

Sie: Ah, gleich in zwei Ländern.

Er: Und zwar?

Sie: Weiß nicht, Holland und Polen?

Er: Nein, im adriatischen Meer – zwischen den Abruzzen und Bosnien- Herzegowina!

Sie: Was man alles am Rücken hat! Was war noch mal am Hintern?

Er: Die Toskana.

Sie: Dann geh da mal ganz ans Südkap!

Er: Die Toskana hat kein Kap!

Sie: Dann eben an die Südspitze, ja, weiter, ab in den Süden … ja und da kannst du jetzt weitermachen!

Er: Nur, wenn du sagst, wie die Stadt heißt.

Sie: Menno … Aschersleben oder Darmstadt …

Er: Du hast noch Aschaffenburg und Pforzheim vergessen!

Sie: Mann, das ist mir scheißegal. Und du willst mir erzählen, das macht irgendeine Frau scharf?

Er: Normalerweise schon. Natürlich ist ein wenig Allgemeinbildung Voraussetzung. Und falls du vielleicht doch wissen möchtest, wo du es besonders gern hast, es ist die Ewige Stadt.

Sie: Was? Berlin ist am Arsch?

Der Helfer

Mir geht ein gewisser Ruf voraus, nämlich der, so gut wie immer helfen zu können. Weltweit, darf ich hinzusetzen. Ein Beispiel? Bitte: Damals bei der Sache mit dem Bischof mit dem komischen Namen, wo die Baukosten seiner Junggesellenbude etwas ausuferten, rief mich der Papst an und sagte: »Jürgen, was soll ich mit dem Pendejo machen?«

Und ich sagte: »Hombre, tranquillo! Guck dir den doch nur mal an, da weißt du doch, was Sache ist. Die ganze Schulzeit hindurch vermöbelt worden, beim Sport hat er sich gleich krankgemeldet, die Mädels haben ihn weiträumig umfahren, da hat er sich gedacht: Tret ich eben einem Männerverein bei und mach Karriere, dann will ich aber auch nett wohnen und am Stammtisch sagen können: mein Haus, mein Dienstwagen, meine… du weißt schon. Schick ihn in die Mission, aber nicht zu den Menschenfressern, die schicken ihn zurück und sagen, was sollen wir denn mit dem, da ist doch nix dran.«

Da hat der Papst gelacht und gesagt: »Jürgen, Jürgen, du findest immer die richtigen Worte, ich glaube, du hättest Gott auch die Idee mit der Sintflut ausgeredet.«

»Danke, Muchacho!«

Ich habe mir dann verkniffen zu sagen, ich hätte ihm noch ganz andere Sachen ausgeredet, zum Beispiel die Schöpfung, aber gut. Anderes Beispiel: Carolin von Monaco ruft an und sagt: »Jürgen, ich brauche deinen Rat.«

Ich sage: »Honey, hat August wieder gegen einen ausländischen Pavillon geschifft oder einen vermöbelt?«

»Nein«, sagt sie, »meine Tochter hat bei Douglas ein Parfüm geklaut, und die drohen jetzt mit Anzeige.« Ich hatte auf der Zunge zu sagen: Kriegt die so wenig Taschengeld, dass die bei Douglas klauen muss? Der Hochadel ist auch nicht mehr, was er mal war, hab ich aber nicht gesagt. Es ist in solchen Situationen ganz wichtig, den Fokus vom Problem wegzunehmen, weil der Handelnde bzw. der, der glaubt, irgendwie handeln zu müssen, emotional noch zu gebeutelt ist. Man muss sozusagen einen Nebenkriegsschauplatz eröffnen.

Also sagte ich: »Back ihr einen Kuchen.«

Carolin sagte: »Hähh?«

Dieses »Hähh« habe ich ihr in all den Jahren unserer Freundschaft nicht abgewöhnen können, keine Ahnung, wo sie das herhat, aber egal.

»Wieso soll ich ihr einen Kuchen backen, ich kann gar nicht backen!«

»Um ihr zu zeigen, dass du sie trotzdem lieb hast! Und Kuchen backen kann man lernen, ich geb dir ein Rezept für einen ganz einfachen Rührkuchen, und du sollst mal sehen, wie gerührt deine Tochter ist, und dann bringt ihr das in einem persönlichen Gespräch mit dem alten Douglas wieder in Ordnung. Soll ich ihn anrufen?«

»Nein«, sagte Caroline und schniefte schon verdächtig, »nicht nötig, ich mach das so, wie du gesagt hast. Wenn alle Menschen so weise und gütig wären wie du, sähe es auf der Welt anders aus. Merci und adieu, mon ami.«

Ich will nicht angeben, wirklich nicht, aber ich habe keine Ahnung, warum ich für jedes Problem die richtige Lösung finde, na ja, es ist auch nicht immer so. Manchmal läuft es auch anders als geplant. Letztens finde ich meine Putzfrau in Tränen aufgelöst, und sie erzählt mir, ihre Tochter hätte einen neuen Freund, und der wäre nicht nur Vegetarier, sondern auch aggressiv. Jeder würde das bemerken, nur ihre Tochter nicht, und auf sie würde die ja schon lange nicht mehr hören. Und da fiel mir natürlich sofort ein, dass ich mal gelesen habe, man hat durch Fütterungsversuche an männlichen Affen herausgefunden, dass Sojaprodukte vorhandene Tendenzen signifikant verstärken können. Also aggressive Affen wurden noch aggressiver, unterwürfige noch serviler. Ob das beim Menschen auch so sei, habe man noch nicht erforscht.

»Also«, sagte ich, »wir beide kaufen jetzt mal richtig schön in einem Biomarkt das Sojaregal leer, du bringst das deiner Tochter und sagst, das hast du in einem Preisausschreiben gewonnen, deinem vegetarischen Schwiegersohnproleten kann es recht sein, und dann warten wir mal ab. Vielleicht löst sich das Problem von ganz allein.«

Einen Monat später erzählte sie mir glückstrahlend, ihre Tochter hätte sich von ihrem Freund getrennt.

Ich sage: »Aha, ist was vorgefallen, ist er aggressiv geworden oder so?«

»Nein, nein«, sagt sie, »aber er hat plötzlich eine unheimlich starke Behaarung entwickelt, überall, auch im Gesicht, gleichzeitig hat er kaum noch gesprochen und angefangen, auf die Schränke zu klettern, und da hat sie sich schweren Herzens von ihm getrennt, sie haben aber noch Kontakt.«

Ich sage: »Wie das?«

»Na ja, sie hat jetzt eine Jahreskarte für den Zoo.«

Der Klugscheißer

Ich bin außerordentlich beliebt im Freundeskreis, auch bewundert, kann man sagen. Meine einzige kleine Schwäche: Ich schaffe es einfach nicht, mit meiner allumfassenden Bildung hinter dem Berg zu halten. Beispiel. Ich bin zu einem gemütlichen Abend eingeladen, der Gastgeber hat von seinen Spaghetti alla puttanesca geschwärmt, alle loben sie über den grünen Klee, ich sage: »Lecker, aber in Spaghetti puttanesca gehören weder Zwiebeln noch Rosmarin noch preiswerter Dosenthunfisch, sondern ausschließlich Tomaten, Sardellen, Kapern, Chili, Knoblauch und kleingehackte schwarze Oliven. ›Puttanesca‹ heißt übrigens ›nach Hurenart‹, und um die Entstehung ranken sich zahlreiche Legenden. So waren italienische Bordelle in den 50er-Jahren ›case chiuse‹, geschlossene Häuser, die die Damen nur einmal in der Woche verlassen durften, also waren sie auf Gerichte aus Dosen oder haltbaren Zutaten angewiesen. Außerdem geht es schnell und riecht recht verlockend. Eine andere Legende besagt, dass irgendwann in irgendeiner Kneipe Gäste spät noch Hunger hatten und den Wirt aufforderten: ›Facci una puttanata qualsiasi‹, ›mach einfach irgendeinen Blödsinn‹, er hatte nur die genannten Zutaten da, und es schmeckte allen so gut, dass er es auf die Karte setzte, aber nicht ›alla puttanata‹ nannte, sondern etwas reißerischer ›alla puttanesca‹. Sehr viele Küchenklassiker sind aus so einer Verlegenheit entstanden, zum Beispiel Poulet Marengo. Da kehrte Bonaparte nach der Schlacht bei Marengo in einem Bauernhaus ein und verlangte eine Mahlzeit, und man rührte zusammen, was da war, nämlich Hühnchen, Knoblauch, Tomaten, Champignons, Oliven, Brühe und Weißwein.«

Ich finde, das sind einfache, aber wertvolle Informationen, über die der Gastgeber sich freuen sollte, denn beim nächsten Mal kann er sogar Johann Lafer einladen und mit seinem kulinarischen Fachwissen verblüffen. Aber gut. Es gab Rotwein, einen chilenischen Carmenere, die Modetraube der Supermärkte, und er meinte: »Die Flasche hat einen Schraubverschluss. Endlich Schluss mit dem Korkenproblem, wusstet ihr, dass es bis zu 30 Prozent Schwund beim Wein durch Korken gibt? Das ist damit ein für alle Mal behoben, obwohl es bestimmt Puristen gibt, die dem Korken nachtrauern.«

Dabei blickte er lange und bedeutungsvoll in meine Richtung.

Ich sagte: »Korrekt, aber das heißt nicht, dass jeder Wein mit Schraubverschluss in Ordnung ist. Dieser hier zum Beispiel hat das, was die Önologen einen Kellerton nennen, hervorgerufen durch Bakterien, die in den Leitungen oder schon im Fass sitzen können und beim Abfüllen in die Flasche gelangen.«

Rudi zu meiner Linken kostete und sagte: »Tatsächlich, der Wein ist nicht in Ordnung, wäre mir fast nicht aufgefallen, da kann man mal sehen.«

Des Gastgebers Wangen nahmen einen Himbeerton an, und er griff sich kurz ans Herz.

Ich sagte: »Entspann dich Gerd, der Wein ist völlig okay, grundsätzlich stimmt das mit dem Kellerton, trifft aber hier nicht zu, ich wollte nur mal demonstrieren, wie leicht sich Menschen durch Autorität und Kompetenz beeinflussen lassen.«

Ich lächelte versöhnlich in die Runde, zugegeben: unerwidert.

Dann wurde gespielt. Rätsel. Gisela, Lehrerin, seit drei Jahren

Single und spürbar undersexed, oder für diejenigen, die Anglizismen ablehnen: untervögelt, legte vor: »Passt auf: Ich sitze in meinem PKW und fahre mit gleichbleibender Geschwindigkeit, unmittelbar links von mir geht es circa einen Meter runter, rechts neben mir fährt ein Polizeiwagen mit exakt derselben Geschwindigkeit, ich kann nicht schneller, ich werde verfolgt von einem Hubschrauber, fast in Bodenhöhe. Was kann ich machen, um dieser Situation zu entkommen?«

Keiner hatte eine Idee, also sagte ich: »Du brauchst eigentlich nur zu warten, bis die Runde zu Ende ist und du das Kinderkarussell verlassen kannst.«

»Och, du oller Spielverderber«, maulte Gisela, »lasst uns Doppelkopf spielen, da kann der alte Klugscheißer nicht dauernd dazwischenquatschen.«

Ich schmunzelte in mich hinein, denn was das Dummchen nicht wusste: Zu jedem der vier Könige gibt es eine lange Geschichte, die ich der Runde auch nicht vorenthalten habe. Natürlich fragte mich Gisela beim Aufbruch, ob ich noch Lust hätte, auf einen Absacker mit zu ihr zu kommen.

»Na, das wollen wir doch nicht hoffen«, scherzte ich.

»Wie?«, fragte sie, die ganze Frau ein Fragezeichen.

»Dass es ein Absacker wird, entschuldige, Gisela, das ist eigentlich nicht mein Niveau, aber es war ja eine Menge Alkohol im Spiel. Kann natürlich sein, dass die Refraktärphase sich ein klein wenig verlängert.«

»Die was?«

»Nach einer Ejakulation fließt das Blut aus den Schwellkörpern wieder ab. Das bezeichnet man als Detumeszenz. Diese Zeitspanne plus die bis zur nächsten Erektion bezeichnet man als Refraktärphase.«

»Aha, na, mir würde einmal schon reichen.«

Eine halbe Stunde später sah ich mich gezwungen zu sagen: »Tja, Gisela, ich stimuliere jetzt seit zwanzig Minuten erst deine Klitoris, dann den G-Punkt, wie der Gräfenberg-Spot im Volksmund genannt wird, und du zeigst keinerlei Anzeichen von Erregung, das ist nicht hilfreich bei einer gewünschten Erektion und – machen wir uns nichts vor, Gisela, du bist keine Schönheit im klassischen Sinne, aber natürlich werfe ich dir deine Bindegewebsschwäche nicht vor.«

Die Anklage wegen vorsätzlicher Körperverletzung mit einer Weinflasche wurde fallen gelassen, die Richterin folgte den Ausführungen der Verteidigerin, denen zufolge der Kläger sich nach Abbruch des Beischlafversuchs auf den Heimweg gemacht hatte und bedingt durch Alkoholabusus die Treppe hinuntergestürzt war.

Der Serienmörder

M: Hallo.

P: Guten Abend.

M: Nette Kneipe.

P: Ich komme gern her, Sie sind zum ersten Mal hier?

M: Ja, Tipp von einem Kumpel.

P: Was treiben Sie so?

M: Ich bin Serienmörder.

P: Ah, das ist mal ein ungewöhnlicher Beruf, kann man davon leben?

M: Wenn man die richtigen Leute umbringt, die auch ein bisschen Geld im Haus haben, oder Schmuck, Kunstgegenstände, obwohl das immer schwierig ist, wenn man solche Dinge dann zu Geld machen will.

P: Ja verstehe, wann war Ihr letzter Serienmord?

M: Serienmord ist eigentlich das falsche Wort, Mord wäre zutreffend …

P: Aber Sie haben doch selber gesagt, Sie sind Serienmörder, d.h., Sie haben bereits eine Mordserie hinter sich …

M: Nein, eben nicht, ich habe den Beruf sozusagen nur ins Auge gefasst, also noch keine praktische Erfahrung …

P: Das finde ich aber mal spannend, woher wissen Sie denn, dass Sie sich dafür eignen?

M: Ach das ist so ein typisches Familiending, mein Vater war Serienmörder, der Großvater war Serienmörder …

P: … und jetzt sollen Sie praktisch das Geschäft übernehmen, kenn ich, kenn ich nur zu gut.

M: Ach ja? Welche Branche ist es denn bei Ihnen? Arzt? Da kommt das ja ganz häufig vor.

P: Nein, Polizei, Kriminalpolizei, genauer gesagt, oder um es auf den Punkt zu bringen: Mordkommission.

M: Also Ihr Vater war bei der Mordkommission, Ihr Großvater war bei der Mordkommission?

P: Nein, meine Mutter und meine Großmutter, beide alleinerziehende Mütter, und denen kann man als Kind ja nur ganz schwer einen Wunsch abschlagen. Warum lachen Sie?

M: Entschuldigung, ist nicht böse gemeint, aber ich musste gerade daran denken, dass die Mitschüler Sie bestimmt »Muttersöhnchen« genannt haben, Kinder können ja grausam sein.

P: Nein, haben sie nicht, d.h., einer hat es mal probiert, dem habe ich derartig die Fressleiste demoliert, da hat keine Zahnspange mehr Halt gefunden. Aber zurück zu Ihnen: Wann werden Sie denn Ihre Tätigkeit aufnehmen?

M: Darüber habe ich mir noch gar keine Gedanken gemacht, ich habe mir jetzt erst einmal einen Haufen Krimis gekauft, in denen Serienmörder vorkommen, und festgestellt, dass die meisten Kollegen irgendein Ritual haben, also die Innereien der Opfer in die Besteckschublade packen oder Kleintiere im Körper verstecken, das spricht mich aber alles nicht an, weil ich auch kein Blut sehen kann.

P: Oh, da haben Sie aber ein ziemliches Handicap, oder?

M: Ja sicher, aber es ist auch eine Chance. Vielleicht komme ich ja ins Guinnessbuch als unblutigster Serienmörder der Geschichte.

P: Das wäre eine Möglichkeit, wenn die Blutphobie Ihre einzige Beeinträchtigung wäre.

M: Wie meinen Sie das?

P: Lassen Sie es mich so sagen: Nicht alle Opferwohnungen sind rollstuhlgerecht eingerichtet.

M: Na darauf hab ich ja gewartet! Als ob Rollstuhlfahrer heutzutage nicht ihren Mann stehen könnten, was ist mit Stephen Hawking oder Schäuble?

P: Beide sind zumindest bisher noch nicht als Serienmörder in Erscheinung getreten.

M: Sie sind ja ein richtiger Miesmacher! Sie waren sicher nicht sehr beliebt in der Schule, oder?

P: Nein, wahrscheinlich nicht, aber da ich recht gewalttätig war, hat sich kaum einer negativ geäußert. Aber jetzt mal im Ernst: Wie wollen Sie jemanden umbringen, mit Ihrem Rolli überfahren, oder was?

M: Soll ich's Ihnen demonstrieren?

P: Was, jetzt und hier?

M: Klar, ein Serienmörder muss allzeit bereit sein.

P: Na, da bin ich aber mal gespannt.

M: Machen Sie die Augen zu.

P: Was soll das denn nun wieder? Glauben Sie, Ihre Opfer machen die Augen zu?

M: Sie wollten doch eine Demonstration, oder?

P: Also schön. Aua. Was war das?

M: Ich habe Ihnen mit einem Blasrohr einen sehr kleinen vergifteten Pfeil in die linke Backe geschossen. Das Gift wird in etwa zehn Minuten wirken.

P: Woher wollen Sie das wissen?

M: Der Hersteller verspricht es.

P: Und was passiert dann genau?

M: Sie sterben.

P: Ja, wie jetzt?

M: Sie machen die Augen zu und treten vor Ihren Schöpfer.

P: Ich bin Atheist.

M: Das ist dem Schöpfer scheißegal.

P: Und wie verlaufen diese letzten zehn Minuten? Qualvoll, oder merke ich gar nichts?

M: Der Hersteller sagt, es kann in Einzelfällen relativ beschwerdearm gehen, was immer das heißen mag.

P: Ich kriege Bauchkrämpfe. Ich glaube, ich muss auf die Toilette.

M: Na dann, alles muss raus, wie wir im Winterschlussverkauf sagen.

Und jetzt die Frage: Wie geht die Geschichte aus?

A) Der Polizist erhängt sich auf dem Klo, um seine Leiden abzukürzen.

B) Es stellt sich heraus, dass der angehende Serienmörder den Pfeil aus Versehen mit einem starken Abführmittel präpariert hat.

C) B tritt erst ein, nachdem A stattgefunden hat.

Die Mindzocker

Sie trafen sich einmal im Monat an wechselnden Orten und spielten Mindzocken. Sie guckten sich irgendjemanden aus und spekulierten über irgendeine ihn betreffende Tatsache. Die heutige Aufgabe stammte von Jonas. Er hatte sich ein paar Sekunden in dem Café umgesehen und gesagt: »Seht ihr die weißhaarige Dame an dem Tisch am Fenster? Wie viel Bargeld hat die bei sich?«

Irma sagte: »Sehr schöne Aufgabe. Ich sage vierhundert, nicht mehr, die ist Witwe, vermögend, guck dir nur die Klunker an, zahlt alles mit Karte, die schleppt nicht viel Kohle mit.«

Rudi hielt dagegen: »Irrtum, Schwester, das ist eher eine abgebrannte Geschiedene, die die Abfindung durchhat und ein neues Opfer sucht. Und um finanzielle Unabhängigkeit vorzutäuschen, hat sie einen Packen Bares bei, praktisch alles, was sie hat.«

»Wieso glaubst du, die ist auf Beutezug?«, fragte Birthe.

»Sie hat die Tür im Blick und mustert jeden, der reinkommt.«

»Vielleicht wartet sie auf ihren Lover?«

»Dazu sitzt sie schon zu lange da, das lässt sich keine Frau bieten. Also ich sage, sie hat zweitausend Euro bei.«

»Okay, Jungs, ihr seid auf dem Holzweg,« sagte Birthe, »sie wirkt bedrückt, war vielleicht beim Arzt und hat eine schlechte Nachricht bekommen, deshalb hat sie auch einen Cognac zum Café bestellt, den aber reingekippt, weil er ihr eigentlich nicht schmeckt, sie aber die Wirkung will, wartet vielleicht auf eine Freundin, der sie alles erzählen kann, hundertzwanzig Euro, nicht mehr.«

Die drei sahen erwartungsvoll Jonas an, dessen Schätzung noch ausstand. Jonas gewann meistens. Er hatte ein fast unheimliches Gespür für Menschen.

»Ich bin noch nicht so recht auf Touren, mindmäßig, muss mich erst noch aufwärmen. Wie hoch ist der Einsatz heute? Zehn Euro wie immer, oder wollt ihr mal höher ran? Heute habt ihr vielleicht eine Chance.« Man einigte sich auf zwanzig Euro pro Person.

»Okay, ich probier mal was.«

Jonas winkte die junge Kellnerin heran.

»Entschuldigen Sie bitte, es geht mich natürlich nichts an, aber ich habe gerade mit meinen Freunden gewettet, dass Sie schwanger sind.«

»Das wüsst ich aber«, lachte die Bedienung.

»Nein, offensichtlich nicht, ich habe hier zufällig einen Schwangerschaftstest, haben Sie Interesse?«

»Okay, dann wetten wir hundert Euro, dass ich nicht schwanger bin!«

»Einverstanden, und wenn Sie schwanger sind, brauchen Sie nichts zu zahlen, dann haben Sie Probleme genug.«

»Das ist das Bekloppteste, was mir je passiert ist«, sagte die Kellnerin und verschwand in Richtung Personaltoilette.

Nach einiger Zeit kam sie zurück und war sichtlich angeschlagen. »Das gibt es nicht! Wie konnten Sie das wissen?«

Jonas lächelte nur und sagte: »Intuition. Es wird übrigens ein Junge. Vielleicht haben Sie ja Lust, ihn Jonas zu nennen, das würde mich freuen. So. Mädels, jetzt bin ich bereit, wollen wir den Einsatz noch mal erhöhen?«

»Na klar«, sagte Rudi, »das war doch ein billiger Trick. Du bist Chemiker und Hobbyzauberer. Du hast den Test so manipuliert, dass er in jedem Falle rötlich wird, selbst wenn ich draufgepinkelt hätte. Das sollte uns verunsichern. Welcher normale Mann hat sonst einen Schwangerschaftstest dabei.«

»Nee, mein Lieber, von mir aus können wir auf 100 Euro erhöhen, du gewinnst heute nicht. Und jetzt lass mal deine Theorie hören!«

Die anderen nickten die Erhöhung ab und sahen Jonas gespannt an.

»Ich bin ein bisschen enttäuscht, dass ihr mir so eine Manipulation zutraut, obwohl es technisch kein Problem für mich wäre, da hat Rudi schon ganz recht. Aber o.k. Die Dame hat gar kein Geld dabei.«

»Häh?«, machten die drei anderen wie aus einem Mund.

»Sie ist ausgeraubt worden oder hat ihr Portemonnaie verloren, deshalb der Cognac und die Blicke zur Tür, sie hat jemanden angerufen, der kommt und ihre Rechnung zahlt und sie vielleicht nach Hause fährt, eine Freundin, schätze ich. Wer geht fragen?«

Rudi und Birthe gingen zu der Dame, man sah, wie sie sich nach wenigen Worten fassungslos ansahen, dann kehrten sie mit langen Gesichtern an den Tisch zurück. Drei Hunderter wechselten den Besitzer.

»Es macht einfach keinen Spaß mit dir«, sagte Birthe und rief: »Zahlen bitte!«

»Lasst mal, das mache ich, ihr habt genug geblutet, und ich esse noch das Königinpastetchen, das ist wirklich gut hier.«

Rudi, Birthe und Irma verließen das Café.

Jonas ging an den Tisch der weißhaarigen Dame und sagte: »Entschuldigen Sie, meine Freunde haben Sie ja auch schon angesprochen, daher weiß ich, dass Sie ihr Portemonnaie vermissen.«

»Ja, das ist ganz schrecklich, es ist mir vielleicht im Bus raus-gefallen.«

»Wissen Sie, ich habe so was wie einen 7. Sinn, Ihr Porte-monnaie ist in Ihrem Mantel, möchte ich wetten.«

Natürlich war es da, die Freude war groß, die Königinpas-tete war auch toll, beim Zahlen sagte Jonas zu der jungen Kell-nerin: »Großes Kino, dass du eine gute Schauspielerin bist, wusste ich ja, aber das mit dem Klauen klappt ja auch prima. Fein gemacht Susi, hier sind deine hundert Euro.«

Esst langsam, Kinder!

Die Vorfreude regte Ralfs Speichelfluss an. Er musste zweimal schlucken, bevor er seinen Aperitif bestellen konnte. »Einen trockenen Sherry, bitte!« Der Kellner ging, seine Tischdame kam.

Ralf erhob sich, umarmte Sofie und applizierte zwei Wangenküsse.

»Wie schön du bist und dass du da bist«, sagte er.

»Danke, aber was ist das denn wieder für eine Satzkonstruktion?«

»Die einzig mögliche, denn andersrum geht es nicht. Wie schön, dass du da bist und du bist, geht ja wohl gar nicht!«

»Nein, natürlich nicht«, seufzte Sofie und setzte sich.

Der Kellner brachte Ralfs Sherry, und Sofie bestellte ein Glas Champagner. »Du scheinst dir ja ganz schön sicher zu sein, dass ich heut zahle«, meinte Ralf süffisant und schlug die Karte auf.

»Drei Gänge oder fünf?«

»Ich bin heute schon einen Halbmarathon gelaufen, habe also ein bisschen Hunger, lass uns fünf Gänge nehmen. Wie starten wir? Caprese wie immer oder heute mal eine Suppe? Die haben eine Gazpacho.«

»Einverstanden, dann schlage ich als Zwischengang das Lachscarpaccio mit Ingwerschaum vor, das machen die hier ganz witzig, dann vielleicht was Nudeliges?«

»Ja, Kohlehydrate, und ein bisschen scharf, also entweder ›all'arrabiata‹ oder ›aglio, olio con peperoncini‹.«

Dann Arrabiata, die rutschen besser. Als Fleischgang vielleicht den Lammrücken mit Möhren in Marsala und gebratener Polenta?«

»Exzellent, das wollte ich auch vorschlagen, und zum Dessert den John Wayne unter den Nachtischen: Zitronensorbet mit je einem Schuss Prosecco, Wodka und Aperol?«

»Och, das geht zu schnell weg, nicht doch lieber Tiramisu? Oder Zabaglione mit einer Kugel Vanilleeis, das wär doch ein Kompromiss!«

»O.k. Was wird getrunken? Zu Gang eins und zwei den Lugana, der ist hier Klasse, und dann vielleicht den Nero d'Avola aus Sizilien, was meinst du?«

»Da finde ich, ehrlich gesagt, den apulischen Primitivo ein bisschen strukturierter, der Nero geht mir zu sehr in Richtung Trinkmarmelade.«

»O.k., wie du meinst.«

Ralf bestellte, beide holten ihre Schachuhren und einen kleinen Schreibblock heraus, und das Spiel begann. Die Gazpacho kam, eine kalte Gemüsesuppe mit reichlich Olivenöl.

»Scheiße«, murmelte Ralf, denn sie wurde nicht in einer Tasse serviert, wie er gehofft hatte, sondern in einem Teller, aus dem man schlecht trinken konnte. Missmutig griff er zum Löffel und begann, so schnell es ging, zu löffeln, nachdem er die Schachuhr in Gang gesetzt hatte.

Sofie holte lächelnd eine Henkeltasse aus ihrem Beutel, goss die Suppe um und leerte die Tasse in einem Zug. 29 Sekunden. Ralf hatte 1.48 Minuten auf der Uhr. »Das war nicht fair, Söfchen«, maulte er.

»Wieso? Wir haben nirgendwo in den Statuten unseres Fast-Food-Vereins den Einsatz von Hilfsmitteln ausgeschlossen. Du hättest zum Beispiel auch einen sehr dicken Strohhalm benutzen können und ärgerst dich jetzt, weil du nicht selbst darauf gekommen bist.«

»Toll, und was hast du gleich mit dem Lamm vor? Haust du das in die Küchenmaschine, verdünnst den Brei mit Rotwein und trinkst den Hauptgang auch aus der Tasse?«

Entnervt nahm Ralf einen tiefen Schluck vom Lugana. Der Getränkekonsum wurde von der Zeitmessung übrigens nicht erfasst. Stumm erwarteten die beiden Wettkämpfer das Lachscarpaccio.

Es kam. Die großen Teller waren bis zum Rand mit glänzenden und so hauchdünnen Lachsscheiben belegt, dass man durch sie hindurch hätte Zeitung lesen können. In der Mitte eine große Portion wunderbar fluffiger Ingwerschaum, zerstoßene rote Pfefferbeeren und grüngelbe Schlieren von bestem kretischen Olivenöl rundeten die Kreation ab.

Ralf lächelte und drückte auf die Schachuhr. Dann fixierte er den Teller mit der Linken, während die Rechte mit der Gabel kraftvoll einmal linksherum fuhr, und nachdem die Linke dem Ganzen eine halbe Rechtsdrehung verabreicht hatte, noch einmal, dann noch zwei Schübe von oben nach unten, und Ralf hatte eine Lachskugel vor sich, die er mit der rechten Hand ergriff und sich komplett in den Mund schob. Drei, vier Kaubewegungen später war sie verschwunden, 38 Sekunden, nicht schlecht. Ralfs überlegenes Lächeln wurde von einem kleinen Rülpser gekrönt, während er Sofies Bemühungen beobachtete, sich den Fisch möglichst schnell, aber eben konventionell einzuverleiben. 1.10 Minuten. Ihre Gesamtzeit betrug damit 1.39, die von Ralf 2.36. Er hatte gut aufgeholt, aber Sofies Tassencoup noch nicht ausgleichen können.

Sofie nahm einen Schluck Wein. »Der korkt«, maulte sie, »ist dir das nicht aufgefallen beim Probieren?«

»Ralf kostete und sagte: »Unsinn, der ist tadellos.«

»Dann war was mit dem Fisch.«

»Der Fisch korkt schon mal von Hause aus nicht, der war vorzüglich, soweit ich das in der Eile beurteilen kann, vielleicht irritiert der Ingwerschaum deine Papillen ein bisschen, das gibt es manchmal.«

Beim Hauptgang kamen keine ungewöhnlichen Techniken zur Anwendung, beide aßen einfach unheimlich schnell, was die Mutter am Nebentisch veranlasste, ihren beiden faszinierten Kindern ein »Guckt da nicht hin« zuzuzischen.

Ralf gewann diesen Gang etwas glücklich, weil sich bei Sofie eine Zahnfüllung gelöst hatte, was sie einige Schrecksekunden lang über eine Aufgabe nachdenken ließ. Aber sie schluckte die Plombe tapfer mit runter und führte nun nur noch mit 36 Sekunden.

Bei den Nudeln waren dann die Kinder nicht mehr zu halten. Sie stellten sich neben den Tisch, um besser sehen zu können, was die Aufmerksamkeit von drei weiteren Kindern weckte. Wenn man Nudeln mit Tomatensoße in höchstmöglicher Geschwindigkeit verzehrt, lässt es sich nicht vermeiden, dass man anschließend aussieht wie nach einer Hausschlachtung ohne geeignetes Werkzeug. Das Personal nickte den beiden anerkennend zu, als sie zur Toilette gingen, um sich zu waschen und die Oberbekleidung zu wechseln.

Ralf hatte den Abstand noch mal verkürzen können, weil Sofie einen Spritzer höllisch scharfe Tomatensauce ins Auge bekommen hatte. Sein Rückstand vor der alles entscheidenden Zabaglione betrug nur noch 2 Sekunden. Die beiden frisch gewaschenen Kontrahenten stärkten sich mit einem tiefen Schluck des über jeden Zweifel erhabenen Rotweins und konzentrierten sich auf die vor ihnen liegende Aufgabe. Die Taktik war klar: die Kugel Vanilleeis so rasch wie möglich in die warme Zabaglione einrühren, Schale ansetzen und kippen. Das Ganze würde keine 30 Sekunden dauern.

Der Kellner kam strahlend und servierte, Ralf warf das blöde Schirmchen auf den Tisch, drückte die Schachuhr und begann, mit der Gabel das Eis einzurühren. Gleichzeitig registrierte er, dass Sofie sich mit einem kleinen Schneebesen wiederum einen Vorteil verschaffte. Beide waren über die Schale gebeugt, und beide rochen es gleichzeitig: In der Zabaglione war ein faules Ei verarbeitet worden. Ralfs Gedanken überschlugen sich: Ein Sieg über Sofie würde ihn auf Platz 1 der Vereinsrangliste katapultieren, die Gesamtzeit für das Fünf-Gänge-Menü wäre vermutlich eine Top-5-Zeit landes-, wenn nicht bundesweit. Eine Lebensmittelvergiftung bedeutete eine Woche Bettruhe, höchstens zwei, ein Abbruch konnte nur vor einem Gang vereinbart werden, nicht während er lief. Wenn sie das verdorbene Dessert reklamierten, würde ihnen bestenfalls die Rechnung erlassen, sie bekämen natürlich ein neues Dessert, wahrscheinlich auch einen Schnaps auf Haus, aber was wäre das schon gegen einen Sieg in einer solchen Bombenzeit. Ralf sah ganz kurz hoch und fing Sofies flehenden Blick auf.

Zwei Wochen später sagte der Vereinsvorsitzende in Gegenwart des stellvertretenden Bundesvorsitzenden des Vereins deutscher Eilesser e.V. vor über 200 versammelten Gästen zum Abschluss einer langen und sehr emotionalen Ansprache: »Wir werden Sofie und Ralf nie vergessen.«

Foreskin quarterly

Wir sind wieder bei dem Paar zu Gast, das einander gern im Bett vorliest.

Er: Hör mal hier, es gab in den USA mal eine Zeitschrift für schwule Männer, die Foreskin Quarterly hieß, Vorhaut vierteljährlich, da muss man erst mal draufkommen, da fängt es ja bei mir sofort wieder an zu rattern, wenn ich das nächste Mal ein Schild in einem Lebensmittelladen sehe: Täglich frische Eier, wirst du mich sedieren müssen. Aber hier, das ist auch interessant: figurformende Unterwäsche gibt's seit 2010 auch für Männer, T-Shirts und Tops, die Bauch und Brust in Form bringen …

Sie: Das war aber nicht ganz das Thema …

Er: Nun warte doch mal: Es gibt Boxershorts mit Push-up-Funktion. Männer kaufen lieber online übrigens, ein Kunde mit dem Pseudonym Graupapa28 bewertet im Online-Forum: sehr gute Passform. Guter Effekt.

Sie: Lass mal gucken … ach den Schluss von dem Artikel find ich aber witzig: Kein Shirt dieser Welt quetscht eine XXL-Wampe ins Waschbrettformat. Zitat eines Spiegel-Kollegen: Spätestens auf der Bettkante sieht man das Elend ja eh.

Er: Na, wenn man's erst mal dahin geschafft hat, ist doch der Käse geschnitten.

Sie: Wie darf ich das verstehen?

Er: Wenn ein männlicher und ein weiblicher Single es schon mal gemeinsam ins Schlafzimmer geschafft haben, geht's mit hoher Wahrscheinlichkeit auch weiter.

Die Ex von Paul McCartney hat auch ein Holzbein, und niemand weiß, bei welcher Gelegenheit er das bemerkt hat. Und dann haben sie aber trotzdem geheiratet.

Sie: Aha … du schläfst doch auf dem Bauch, nicht?

Er: Ja, lieber, warum?

Sie: Weil hier in der Bild steht, Forscher aus Hongkong haben herausgefunden, dass Menschen, die auf dem Bauch schlafen, häufiger erotische Träume haben. Das liegt angeblich an der geringeren Luftzufuhr des Gehirns.

Er: Ja, und, ist doch schön.

Sie: Da frage ich mich doch: Träumst du schweinisch, weil du auf dem Bauch schläfst, oder schläfst du auf dem Bauch, weil du irgendwann festgestellt hast, dass du dann schweinischer träumst.

Er: Jetzt ist aber gut. Meine Güte, guck mal hier in der Bild. In Amerika gibt es siamesische Zwillinge, 22-jährige Mädchen, es sind aber zwei Köpfe, auf nur einem Körper, sie haben zwei Mägen und zwei Herzen, das andere teilen sie sich, und die kriegen jetzt eine eigene TV-Show. Und einen Mann suchen sie auch, weil sie Kinder wollen. Irre, oder?

Sie: Das ist doch eigentlich schrecklich.

Er: Wieso? Die Frage ist doch, ist das dann ein flotter Dreier? Und was ist, wenn die eine den Typen doof findet und dann beim Vögeln rummeckert. Oder kommt es sowieso zu nix, weil eine immer Kopfschmerzen hat?

Sie: Sag mal, hast du zu lang auf dem Bauch geschlafen oder was?

Er: Nein, aber würd ich gern mal wieder. Auf deinem!

Sie: Vergiss es, du würdest doch sowieso dabei nur von den Zwillingen träumen. Gute Nacht.

Fünf Fragen – Fünf Finger

»Herzlich willkommen, liebe Freunde des knallharten Rätsel-
sports«, rief die Moderatorin mit der berühmten schneiden-
den Stimme, mit der man, wie der Kritiker der »SZ« einmal bemerkte, »auch Backenzähne aufbohren könnte«. Ein Bild, das
passte, wie die berühmte Faust aufs Auge, denn von Olga Senft-
leben ging die Fama, sie habe sich ihr Studium als Domina
»zusammengehauen«.

Die Show war erst kurz auf Sendung, hatte aber bereits alle
Einschaltrekorde auf diesem Sendeplatz gesprengt und das
versammelte Hochfeuilleton gegen sich. Was man aus Literatur
und Film schon lange kannte und schätzte, wurde hier erstmals
live im TV gezeigt. Echter Personenschaden als Strafe für falsche Antworten. Zwar gab es Gerüchte, das Ganze sei geschickt
gefakt, aber das hatte bisher nicht bewiesen werden können,
und eigentlich wollte man es gar nicht so genau wissen.

»Unsere erste Kandidatenfamilie kommt aus Ulm«, keifte
Olga, »Petar und Elena Subkowicz mit Sohn Mirko und Tochter Laetitia. Die Familie wünscht sich seit Langem ein eigenes
Restaurant, beide Kinder gehen aber noch zur Schule, Laetitia
will Abitur machen und Medizin studieren, um irgendwann in
der dritten Welt ihr Wissen in den Dienst der Ärmsten der Ar-
men zu stellen. Mirko will mal Sternekoch werden, d.h., beide
brauchen ihre Finger, Mama Elena arbeitet halbtags in einem
Nagelstudio, Papa Mirko ist Müllwerker und schon ein paarmal
mit den Fingern zwischen zwei Mülltonnen geraten, also wer
riskiert heute fünf von zehn Fingern?«

Das Publikum, von den Warm-Uppern dirigiert, brüllte fünf einzelne Buchstaben: P E T A R. Der Vater wurde auf einen etwas erhöhten Platz geführt, seine linke Hand wurde in eine Art Metallhandschuh geschoben, der auf der Tischplatte angebracht war, am Ende schauten die fünf Finger etwa zur Hälfte aus der Arretierung heraus. Papa Petar schwitzte, lächelte aber tapfer. Olga sprach nun fast normal, für ihre Verhältnisse.

»Für jede Frage gibt es drei Antwortmöglichkeiten, das heißt, Mama darf einmal raten. Ist die Antwort falsch, rät Mirko, liegt er falsch, hat Laetitia die letzte Möglichkeit. Ist ihre Antwort auch falsch, kommt Dr. Klopfer ins Spiel.«

Das Licht ging aus, ein Spot ging auf eine weiße Studiotür, die Musik wurde bedrohlich, die Tür öffnete sich, ein Mann im weißen Arztkittel erschien, auf dem Kopf eine schwarze Kapuze mit zwei Augenschlitzen, in der Hand einen metallenen Fleischklopfer. Er tat so, als wolle er vortreten, aber Olga schrie: »Gehen Sie, Dr. Klopfer, ich werde Sie rufen, wenn wir Sie brauchen, aber ich hoffe sehr, ich muss es nicht tun.«

Der Mann verschwand hinter der Tür, das Publikum kam nur schwer zur Ruhe. »Wenn Familie Subkowicz fünf Fragen richtig beantwortet, erhält sie 250 000 Euro. Nach jeder dreimal falsch beantworteten Frage gibt's was auf die Finger oder 50 000 Euro weniger für die Familie, die Entscheidung liegt bei Papa Petar. Alles verstanden?«

Alle nickten.

»O.k. Ich drücke euch die Daumen. In der ersten Frage haben wir zwei Redewendungen miteinander vermischt. Ich mache erst mal ein Beispiel:

Liebe deinen Nächsten, solange er noch heiß ist. Wie heißen die beiden Sprichwörter, die hier kombiniert sind?«

Laetitia meldete sich wie in der Schule: »»Liebe deinen

Nächsten, wie dich selbst‹ und ›Schmiede das Eisen, solange es noch heiß ist‹!«

»Großartig«, kreischte Olga, »da kann ja gar nichts passieren, hier kommt die Frage: Welche beiden Redensarten sind hier kombiniert: ›Wer zuerst kommt, ist süß‹, Elena?«

Die Mutter blinzelte panisch, als der Spot sie in gleißendes Licht tauchte.

»›Wer zuerst kommt, ist fertig‹ und ›Zucker ist süß‹!« Sie strahlte siegesgewiss. »Elena, hast du das Prinzip wirklich verstanden?« Elena nickte stolz.

»Fein, dann fragen wir mal Mirko.« Mirko kratzte sich geistesabwesend im Schritt und sagte: »›Honig ist süß‹ und ›Wer zuerst kommt, kann auch früher nach Hause‹?«

Unsicher blickte er seine Schwester an.

Olga brüllte: »Laetitia, wenn du es auch nicht weißt, dann wird sich diese Tür öffnen, Dr. Klopfer wird reinkommen und deinem Vater sehr ...«

»›Wer zuerst kommt, mahlt zuerst‹ und ›Rache ist süß‹«, unterbrach sie das Mädchen ohne die geringste Spur von Nervosität.

»Das ist richtig«, keifte die Moderatorin und wischte sich theatralisch imaginären Schweiß von der Stirn.

»Bei der nächsten Aufgabe wird es sogar leichter: Hier sind zusammengesetzte Schimpfwörter oder Kraftausdrücke miteinander kombiniert, die ihr erkennen müsst. Ein Beispiel, wie immer: Welche beiden zweiteiligen Schimpfwörter sind in Mutterfinger kombiniert?«

»Mutter ... was?«, fragte Mirko, »ist es das, was ich gehört habe?«

»Mutterfinger!«, schrie Olga so laut, dass der junge Mann förmlich zurückflog.

»O.k., mal sehen ... Stinkefinger und Hurenmutter?«

»Nein, Mirko, das war falsch, Elena?«

»Mutter Gottes und Zeigefinger?«

»Elena, wir suchen Schimpfwörter!«

»Ich schimpfe nicht, ich bin eine anständige Frau«, rief Elena verstört. »Beruhige dich Mutter«, ermahnte Tochter Laetitia die Aufgebrachte, »die Lösung ist…« Und nun machte sie eine kleine Kunstpause, um die Spannung zu steigern…

»Langsöhnchen!«

»Häh?«, flüsterte Olga fast, »was soll das denn?«

»Mutterfinger und Langsöhnchen ergeben Muttersöhnchen und Langfinger!«

Das Publikum stand auf den Stühlen.

»O.K., o.k., o.k.«, trompetete Olga, die sich mittlerweile wieder gefasst hatte, »hier kommt die Frage: Welche Schimpfwörter stecken in der Hühnerziege?«

»Hühnerfinger und Gewitterziege«, krähte Mirko fröhlich.

»Nein, Gewitterziege ist richtig, aber Hühnerfinger kann ich nicht gelten lassen«, rief Olga.

»Aber du hast doch eben selber Mutterfinger gesagt und nicht, wie es richtig heißt, Mutterf…«

»Nein, Mirko, das hast du falsch verstanden, also wie heißt es richtig, Elena?«

»Hühnerficker!«, sagte die Mutter und lächelte stolz.

»Jetzt bin ich aber doch ein Stück weit überrascht, ich denke, du kennst keine Schimpfwörter?«

»Das ist in meiner Muttersprache kein Schimpfwort, sondern eine freundschaftliche Anrede, na, alter Hühnerficker, wie geht's dir heute, schon ein Huhn gefickt?«

Das Publikum war kaum noch zu halten. Vater Petar schloss die Augen wie zum stummen Gebet und wirkte noch käsiger.

Olga rief: »Hallo Regie, können wir die Antwort gelten lassen?«

Eine Stimme aus dem Off sagte: »Nein.«

Auftritt Dr. Klopfer. Die Musik ertönte, Dr. Klopfer trat auf. Das Publikum begann mit allem zu werfen, was ihm entbehrlich schien, mehrere solide wirkende Feuerzeuge, eine Krücke sowie drei Bierflaschen trafen Dr. Klopfers Kopf, worauf er wortlos zu Boden ging.

Olga schrie wie Maria Scharapowa im dritten Satz, für Nicht-Kenner des Damen-Tennis: wie am Spieß … die Aufzeichnung wurde abgebrochen, der Pilot wurde nie fertig produziert, man ließ die Idee fallen, genau wie den Unterhaltungschef.

Und eigentlich bin ich ganz froh, dass die Geschichte zu Ende ist, ich tu mich echt schwer mit der Schilderung blutiger Einzelheiten, und eins steht fest: Spätestens an der vierten Frage wäre die Familie gescheitert, und ob Vater Petar Bock gehabt hätte, mit einem platt geklopften Kleinfinger weiterzuspielen – ich weiß es nicht. Aber vielleicht klaut ja einer die Idee, dann werden Sie's erleben.

Die vierte Frage hätte gelautet:

Welches Organ vergrößert sich bei Erregung um das Achtfache? Antwort: die Pupille. Meine Frau sagte übrigens, als ich sie mit diesem Rätsel und seiner Lösung konfrontierte: »Ah, daher das Wort Pupillermann.«

Happy End

»Hören Sie, ich muss mit jemandem reden«, sagte der Mann neben mir. Er hatte ein Bier in der Hand und trug einen hässlichen Schal. »Könnten Sie mir einen Moment zuhören?«

»Nein«, gab ich schroffer, als es meine Art ist, zurück.

»Ich habe ein Unrecht begangen, und es belastet mich«, fuhr er fort.

»Und ich werde gleich ein Verbrechen begehen, wenn Sie nicht die Klappe halten, und es wird mich nicht belasten.«

»Warum wollen Sie mir nicht zuhören?«

»Weil wir auf einem Fußballplatz sind, meine Mannschaft eins zu null zurückliegt und Sie den falschen Fanschal tragen.«

»Genau darüber will ich ja reden«, sagte der Mann und nahm einen so gierigen Schluck, dass ihm reichlich Restbier das Kinn runterlief. »Ich habe den Schal gestohlen.«

»Wer klaut denn so was, Sie haben sie doch nicht alle …«

»Ich akzeptiere, dass Sie mich für verrückt halten«, sagte der Mann mit einem fast hysterischen Unterton, »aber ich zahle Ihnen fünfhundert Euro bar auf die Hand, wenn Sie jetzt mit mir das Stadion verlassen, in eine Kneipe gehen und sich meine Geschichte anhören.«

»Im Voraus?«, fragte ich.

»Ja«, sagte er und holte vier grüne und zwei bräunliche Scheine aus der rechten Hosentasche. Erst jetzt fiel mir auf, dass der gestörte Fremde keinen Mantel trug, obwohl wir November schrieben, es waren vielleicht vier Grad plus.

»Kann ich während unserer Unterhaltung die Konferenz-schaltung mit einem Ohrhörer verfolgen?«

»Wenn Sie mir nur ein Ohr leihen, gibt es nur 250 Euro«, sagte der Mann, jetzt schon etwas forscher, wo er mich am Haken glaubte.

»Ganz falsch, mein Lieber, wenn ich nicht Radio hören darf, kostet Sie der Spaß siebenhundertfünfzig Öcken!«

In diesem Moment fiel der Ausgleichstreffer, ich verschüt-tete mein Bier beim Jubeln und sagte: »Vergessen Sie's, jetzt bringen mich keine zehn Pferde hier raus.«

»Geben Sie mir doch das Geld, ich würde sehr gerne mit Ihnen in eine Kneipe gehen und mir ihre Geschichte anhören, ich interessiere mich sowieso nicht für Fußball«, sagte meine Frau und strahlte den Mann an. »Ist das für dich okay?«

»Klar, sagte ich, ohne den Blick vom Spielgeschehen zu wenden, das meinen Club jetzt in der Vorwärtsbewegung sah. Die hintere Viererkette war schon weit in der gegnerischen Hälfte, der Führungstreffer lag in der Luft.

Später habe ich dann gedacht: Was ist das für eine Welt, wo die eigene Frau einen für siebenhundertfünfzig Euro verlässt?

Bis ich dann erfuhr, dass der Typ stinkreich war und sie nach unserer Scheidung geheiratet hat. Gut, ich hätte ihn nicht geheiratet, aber jeder ist ja seines Glückes Schmied.

Aber die Geschichte hat natürlich ein Happy End: Wir ha-ben noch 3:1 gewonnen den Tag.

Ich habe schon Leute
für bessere Witze umgelegt

Der Sheriff saß auf der Veranda vor seinem Office, saugte an einem erkalteten Stumpen und überlegte, ob er den Zeitpunkt für den ersten Whisky heute nicht mal vorverlegen sollte. Darüber nickte er ein.

Ein Hufschlag weckte ihn. Drei staubbedeckte Gestalten auf ebensolchen Pferden standen vor ihm. »Sind Sie der Sheriff?«, fragte der am übelsten aussehende Bursche.

»Was hat mich verraten, der Stern oder die Schrift ›Sheriffsbüro‹ über meinem Büro?«

»Vorsicht, Freundchen, ich habe eine Witzallergie«, zischte der Finsterling zurück.

»›Zischte der Finsterling zurück‹, bist du noch dicht? Das fällt doch völlig aus dem Tonfall!«, sagte Jürgen, der jüngste des dreiköpfigen Autorenteams ungnädig, »wir sind doch nicht bei Konsalik!«

»Der ja bekanntlich ganz viele Western geschrieben hat«, blaffte Paul beleidigt, »warum musst du immer gleich persönlich werden?«

»Frieden, Männer«, versuchte Claude, der Älteste, zu schlichten, »wie findet ihr ›Vorsicht Sheriff, ich habe Leute schon für bessere Witze getötet!‹?«

»Was ist denn gegen die Witzallergie einzuwenden?«, sagte Paul hörbar angefressen, weil beide Kollegen an ihm herummäkelten.

»Es gab im Wilden Westen keine Allergien, also wirkt das Wort nicht authentisch.«

»Schreiben wir einen medizinischen Essay für den Pschy-rembel oder eine Westernparodie?«

Nun war es Jürgen, der einlenkte: »Wir nehmen beides, killen aber den zischenden Finsterling!«

»Äh, warte«, unterbrach Claude begeistert, »es war einst ein zischender Finsterling, der sich beim Fischen im Ginster verfing!‹, wie findet ihr das?«

»Ganz toll, Claude«, kam es wie aus einem Munde, »können wir jetzt weitermachen?«

»Okay, also wir haben ›Vorsicht, Freundchen, ich habe eine Witzallergie und schon Leute für bessere Gags getötet!‹«

»Nein, das ist redundant, wir sollten die Allergie doch weglassen!«

»Sag mal, bist du auf den Literaturnobelpreis aus, oder was? Wir schreiben eine Glosse für 'ne Stadtzeitung, Leute, und nichts anderes!«

»Hallo? Jetzt kommt mal runter, ihr Adrenalinis, vielleicht führen wir einfach eine neue Figur ein, und alles wird gut?«

»Du weißt schon, dass Adrenalinis im Fliegerjargon Fall-schirmspringer bedeutet, oder?«

»Nein, aber ich weiß, dass Klugscheißer auf Finnisch ›Sakk-stiller‹ heißt.«

»Das glaube ich nicht«

»Kannst es ja googeln. Also: ›Vorsicht, Sheriff, ich habe schon Leute für bessere Witze umgelegt!‹«

In diesem Moment kam die junge Frau des Sheriffs im Nachthemd aus dem Office.

Bean Boner, so hieß der Wortführer der drei Ganoven, seines Zeichens meistgesuchter Raubmörder Nevadas, stutzte, die junge, sehr attraktive Frau stutzte zurück.

»Nelly?« entfuhr es ihm, »was zum Teufel ...«

»Ooooh«, stöhnte Paul, »wie ich dieses ›was zum Teufel‹

und dann Pünktchen, Pünktchen hasse, das ist so was von Klischee!«

»Aber das mit der Frau ist gut, nur anders«, warf Jürgen ein. »Vielleicht so: ›Vorsicht Sheriff, ich habe schon Leute für bessere Witze umgelegt. In diesem Moment wurde die Tür des Office aufgerissen, und Big Balls trat auf die Veranda, eine abgesägte Schrotflinte in den riesigen Pranken. Hinter ihm erschien die junge bildhübsche, etwas zerzaust wirkende Frau des Sheriffs und sagte …‹«

»Lass mich weitermachen«, rief Claude aufgeregt. »›Sie sagte: Verzeih mir Schatz, er hat mich gezwungen, ihm die Schlüssel für die Zelle zu geben, er hat gedroht, wenn ich sie ihm nicht gebe, tut er mir keine Gewalt an.‹«

»Du meinst, ›tut er mir Gewalt an‹«, warf Paul ein, »aber das ist doch unlogisch. Wie kann er sie denn poppen, wenn er in der Zelle sitzt?«

»Sag mal, was hat dich eigentlich auf die Idee gebracht, Gagschreiber zu werden? Das ist doch der Witz! Sie will es!«

»Du meinst, mit diesem präfeministischen Ulk machen wir uns bei einem alternativen Stadtmagazin und dessen Lesern wirklich Freunde?«

»Die Story spielt im Wilden Westen, da trug der Feminismus noch nicht mal Babyschühchen!«

In diesem Moment ging die Tür des Büros der drei Autoren auf, und der Producer steckte den Kopf rein.

»Sagt mal, wann kommt ihr endlich mit der Begrüßungsmoderation für Florian Silbereisen rüber, wir warten alle!«

»Wir waren gerade auf dem Weg zu dir«, sagte Claude, »wie findest du ›Hallo und Grüß Gott, Magdeburg, ich freu mich wahnsinnig, heute Abend in dieser herrlichen Stadt zu Gast sein zu dürfen‹?«

»Ja, nicht bahnbrechend, aber ich find's okay. Druckt es mal aus, ich schlag es dem Redakteur vor, aber ich habe ein ganz gutes Gefühl.«

»›Ich habe schon Leute für bessere Witze umgelegt‹ ist eine echt geile Zeile«, sagte Paul, während er Silbereisens Begrüßung in den Laptop tippte.

Jesus bei Starbucks

»Und nun«, sagte der Moderator, »freue ich mich auf einen Autor, der ein neues Buch vorstellt, das schon im Vorfeld für Furore gesorgt hat, besonders in Kirchenkreisen, es heißt: ›Jesus bei Starbucks‹. Worum geht's darin?«

»Das ist rasch gesagt«, sagte der Autor, der gut daran getan hätte, angesichts seines Sprachfehlers Zischlaute zu vermeiden, »ein junger Mexikaner namens Jesus, eigentlich Jesus Maria Jose, aus einem extrem religiösen Elternhaus stammend, lernt während des Studiums die Tochter des Besitzers der Starbucks-Kette kennen, heiratet sie, der Vater stellt ihn ein, er krempelt den ganzen Laden um, führt moderne Strukturen ein, Betriebsrat, gleiche Bezahlung für Frauen, er verkleinert das Angebot, senkt die Preise, zahlt faire Löhne, das ganze Programm.«

»Kann man sagen, eine richtig schöne zu Herzen gehende Sozialutopie?«

»Nein, eigentlich nicht, am Schluss ist die Firma pleite, der Vater stirbt an Herzversagen, Jesus fängt an zu saufen, nimmt Drogen, schickt seine Frau auf den Strich, das ganze Programm.«

»Also ein Psychogramm des Scheiterns an der Schere zwischen Anspruch und Realität?«

»Quatsch, es ist ein Actionroman mit jeder Menge knallharter Szenen und Sex natürlich, perversem, schmutzigem Sex, zum Beispiel.«

»Und der Titel ›Jesus bei Starbucks‹ soll uns suggerieren, es handele sich um den echten Jesus, der noch mal auf die Erde kommt, ein Motiv, das ja schon einige Male in der Literatur benutzt wurde …«

»Quatsch, es ist natürlich Jesus, das ist ja der Gag, aber er verhält sich eben ganz anders, als sein alter Herr das gerne hätte, kennt man ja, und sein bester Kumpel ist Hörnchen, also der Teufel, und am Schluss führen die beiden den größten Puff von Mexico …«

»Aber Jesus wird doch gekreuzigt …«

»Ja natürlich, von den anderen Zuhältern, aber das war natürlich ein Doppelgänger, den Jesus für den Fall der Fälle beschäftigt hat.«

»Nun, ich denke, wir sind sehr neugierig geworden, vielleicht lesen Sie uns einfach eine schöne Stelle vor?«

»Wie, irgendeine, vielleicht eine völlig versaute, kriegen Sie da nicht Ärger?«, fragte der Autor und wirkte ein wenig verunsichert.

»Aber nein«, sagte der Moderator, »seit der Geschichte mit Carolin Kebekus im WDR herrscht ja eine gewisse Rechtssicherheit, denn die Staatsanwaltschaft hat ja damals entschieden, dass das Video nicht die Grenze der Satire im Sinne der grundgesetzlich garantierten Kunstfreiheit überschreite. Die satirisch überspitzte Darstellung sei zudem keine Beschimpfung, sondern Kritik an der Kirche und keine Störung des öffentlichen Friedens. Also lesen Sie ruhig, egal was.«

»Na dann«, sagte der Autor und schlug das Buch auf, »Seite 234, jetzt schnallt euch aber an, liebe Leute.

›Dann kamen einige Pharisäer und wollten ihm eine Falle stellen. Sie fragten: Darf ein Mann aus jedem beliebigen Grund seine Frau aus der Ehe entlassen?‹ – Was ist das denn für eine Scheiße, das ist doch nicht mein Buch, da habt ihr doch …«

»…was ausgewechselt«, rief der weißhaarige Moderator

von »Verstehen Sie Spaß«, der plötzlich in die Runde trat, »willkommen in meiner Sendung!«

»Na, wie findest du den Schluss?« fragte der Autor, der wirklich so komisch sprach, seine Frau. Eine heftige Diskussion entbrannte. In ihren Tagebüchern würden die beiden diesen Tag unabhängig voneinander als nicht so schön bezeichnen.

Meine Frau erzählt einen Witz

Meine Frau erzählt unheimlich gerne Witze. Gut, das ist jetzt nicht der Schwerpunkt ihrer Talentlage, aber sie tut es gerne, es macht ihr Freude. Okay, sie versemmelt jede Pointe, aber sie hat halt Spaß, das ist doch die Hauptsache.

Letztens wieder, toller Witz, einer meiner absoluten »Favorites«.

Anruf auf der Polizeiwache: Auf dem Bahndamm liegt ein Gleis.

Sagt der Polizist: Das ist auch gut so.

Zehn Minuten später ruft der wieder an: Jetzt haben sie ihn übelfahlen, den alten Mann.

Superwitz.

Meine Frau trug ihn kürzlich im kleinen Kreis wie folgt vor:

Kinder, das muss ich euch erzählen. Ein Witz. Er spielt auf einer Polizeiwache, also eine kleine, eher auf dem Land, sind auch nur zwei Polizisten, ein älterer dicker, verheiratet, zwei Kinder, ein Junge und ein Mädchen, der Junge ist hyperaktiv, und der andere ist noch ledig, der ist schlank, Mitte dreißig, bisschen kränklich. Und dann geht das Telefon, und der Ältere sagt zu dem Jüngeren, geh du ran, ich war gestern dran, und der geht ran, und dann sagt der andere, also nicht der andere Polizist, sondern der der angerufen hat, der sagt: Auf dem Bahndamm liegt ein Gleis. Sagt der Polizist: Muss auch. Zehn Minuten später ruft der Chinese wieder an, och Jürgen, jetzt hab ich ihn glaub ich falsch erzählt, erzähl du mal weiter ...

Ich sag, ist schon okay, erzählst du halt einen anderen.

Und dann wollte sie nun den erzählen. Junge Frau steht im Hauseingang, kommt ein Räuber. Sagt: Geld oder Leben. – Sagt sie: Ich hab aber nix. – Egal, her damit. – Nein, ich hab wirklich nix. – Sie haben doch eine Kette. – Nein. – Armband? – Nein. – Ring? – Nein. – Ohrring? – Nein. – Rucksack? – Nein. – Portemonnaie? – Nein. – Monatskarte? – Nein. – Sie haben nichts? – Nein. – Dann holen Sie mir wenigstens einen runter. – Ich kenn doch keinen hier im Haus.

Möchten Sie wissen, was meine Frau daraus gemacht hat?

Ich raff es mal, wir sind also schon an der Stelle, wo die junge Frau sich als völlig mittellos herausgestellt hat.

Sie haben nichts? – Nein. – Dann holen Sie mir wenigstens einen runter. – Ich kenn Sie doch gar nicht.

Ich sage, Schätzelein, super erzählt, Megavortrag, nur eine Winzigkeit, es ist keine Kritik, Kleinigkeit: Es ist noch lustiger, wenn du nicht sagst: Ich kenne Sie doch gar nicht, sondern: Ich kenne doch keinen hier im Haus.

Wieso? Das ist doch unlogisch!

Nacktfotos von Scarlett Johansson

Und wieder mal schauen wir bei unserem Pärchen vorbei, das gern im Bett frühstückt und sich dabei aus Zeitungen vorliest.

Er: Kannst du mich mal zwischen den Schulterblättern kratzen?

Sie: Okay.

Er: Ja, nein, höher, etwas rechts, nein zu viel, etwas tiefer, ja feste, aua!!!

Sie: Du hast »fester« gesagt!

Er: Ja, aber ich meinte immer noch kratzen, nicht häuten!

Sie: Dann kratz dich selber, Weichei!

Er: Apropos: Wie oft habe ich dir gesagt: Ein mittelgroßes Ei, das aus dem Kühlschrank kommt, muss sieben Minuten gekocht werden, bis es perfekt ist?

Sie: Halt jetzt einfach mal die Klappe, mir schmeckt mein Ei, und jetzt möchte ich Zeitung lesen, hier, hör mal: Ein Amerikaner hat E-Mail-Accounts und Computer von Promis gehackt, unter anderen von Scarlett Johansson, da waren wohl Nacktfotos von ihr drauf, die sie selber zu Hause mit einer Handykamera vor dem Spiegel aufgenommen hat!

Er: Was? Scarlett Johansson muss sich selbst nackt fotografieren? Hat die keine Leute dafür? Also ich ließe mich nicht lange bitten, wenn sie anriefe und sagte: Kannst du mal rumkommen und ein paar schöne Fotos von mir machen, da würde ich mir glatt ein paar Tage Urlaub nehmen.

Sie: Ach ja? Haben wir eigentlich schon Urlaubspläne? Da könntest du dann von mir Nacktfotos machen!

Er: Sag mal, bist du jetzt etwa sauer, weil ich einen kleinen Scherz gemacht habe?

Sie: Ach, das war ein Scherz? Du würdest keine Aktfotos von ihr machen, wenn sie anriefe?

Er: Natürlich! Ich meine, nein, sie ruft ja nicht an.

Sie: Du Ärmster, kein Schwein ruft dich an und will nackt geknipst werden. Wie alt ist Scarlett Johansson eigentlich?

Er: 28, aber offensichtlich steht sie auf ältere Männer, von Redford war sie ganz begeistert im Pferdeflüsterer, da war sie vierzehn. Na, und Woody Allen dreht ja keinen Film ohne sie, der alte Päderast.

Sie: Die sind beide sehr alt und dünn, dann bist du also zu jung und zu dick für sie. Tut mir leid.

Er: Übergewichtige Männer sind treuer als normalgewichtige, steht hier.

Sie: Wenn du Mangel an Gelegenheit als Treue definierst, mag das stimmen. Sag mal, das glaube ich jetzt nicht! Hast du gerade gefurzt?

Er: Das ist mir so rausgerutscht beim Lachen über diesen Artikel. Da gibt es einen Lokalpolitiker aus Neuwied, der zurücktreten sollte, weil er seit zwanzig Jahren dem Verein ›Furz dich frei‹ vorsteht. Er hat den Rücktritt abgelehnt, weil Furzen gesund sei. Also wenn das sogar organisiert betrieben wird, musst du jetzt wegen einer Einzelleistung keinen Wind machen, haha, der war gut.

Sie: Ich finde es einfach nur abartig, bei einem gemeinsamen Frühstück im Bett zu furzen.

Er: Wieso, ich bin mit Frühstücken fertig. Mir würde das überhaupt nichts ausmachen, wenn du das tätest, aber ihr Mädels macht es ja nur heimlich, und wir müssen dann dafür geradestehen. Warum seid Ihr so verklemmt? Kinder sind da viel natürlicher. Frag mal ein Kind: Äh, was hältst du von einem schönen Furz? Dann wird das Kind sagen: Ey Alter, die eigenen sind okay. Es gibt ja auch etliche Furz-Apps fürs Handy, damit könnten wir deine Hemmungen therapieren. Wir würden in die Kirche gehen und während der Predigt ... Schatz? Wo willst du hin? Da ham' wir's. 'ne Frauenquote im Aufsichtsrat wollen, aber beim Furzen kneifen. Weiber.

Pferde würden nie »ficken« sagen

Die Kugel streifte den Felsen, neben dem Sheriff Boner in Deckung lag, ein abgesprengter Steinsplitter drang ihm unterhalb des linken Auges in die Wange. Er spürte, wie das Blut sein Gesicht hinabrann.

»Holy shit«, dachte er, »nicht auf das neue Hemd, die Flecken kriege ich doch nie mehr raus!«

Jetzt wurde Boner langsam sauer auf das Arschloch, das dreißig Meter entfernt von ihm in einer Senke lag und anscheinend über unerschöpfliche Munitionsvorräte verfügte.

Vier Tage war er dem Kerl gefolgt, der in der Bank von Redrock dem Kassierer so lange mit dem Revolverkolben auf die Finger geklopft hatte, bis nur noch Daumen und Zeigefinger der linken Hand manövrierfähig waren. Und mit denen hatte der arme Mel Jobson dem Verbrecher dann den Tresorschlüssel ausgehändigt.

»Ich hasse meinen Beruf«, dachte Boner, »für die Wiederbeschaffung von elftausendvierhundertzweiunddreißig Dollar und fünfundvierzig Cent riskiere ich hier meinen Arsch, und das für fünfundsiebzig Dollar im Monat.«

Seit gut zwei Stunden beschossen sich die beiden, bald würde es dämmern, und nachts auf unbeleuchtete Ziele schießen muss man echt mögen. Der Feind lag genau unter einem Baum mit einem überhängenden Ast, auf dem gerade ein Geier landete, der sich seine nähere kulinarische Zukunft offenbar schon in den lebhaftesten Farben ausmalte. Und ist es nicht das Beste, was uns passieren kann, während eines wunderbaren Tagtraumes schmerzlos aus dem Leben gerissen zu werden?

Boners Schuss traf das Herz, und der Geier fiel wie ein Sack voller nasser Sägespäne dem Burschen auf den Kopf. Als er wieder zu sich kam, der Bandit, nicht der Geier, befand er sich schon auf dem Rückweg nach Redrock, aufs eigene Pferd gefesselt und geknebelt, denn wenn Boner eines hasste, dann Konversation von Pferd zu Pferd, wobei diese Redewendung missverständlich ist, denn sie könnte auch bedeuten, dass die beiden Pferde sich unterhalten, was ja in einer fiktionalen Geschichte wie dieser ohne Weiteres möglich wäre.

Sie könnten Dinge sagen, wie: »Na du, Lust auf einen GV?«

Pferde würden nie »ficken« sagen, jedenfalls keine edlen Reitpferde, bei Ackergäulen hat man das angeblich schon gehört, aber gut, unsere Pferde sprechen nicht.

Boner hörte aber unartikulierte Geräusche, die der Bankräuber von sich gab, und er roch auch etwas. Er entfernte den Knebel und fuhr den Kerl an: »Hör auf zu furzen, du Ferkel, oder ich steck dir einen Korken unten rein.«

»Ich muss kacken«, jammerte der, »ganz dolle.«

»Ich auch, wenn ich's recht bedenke«, murmelte Boner, stieg ab und löste dem Kerl die Fesseln. »Los, da rüber ins Gebüsch, du zuerst, dann ich.«

»Ich kann nicht, wenn einer mit einem Colt auf mich zielt.«

»Dann wirst du es jetzt lernen, oder du platzt irgendwann, das kannst du dir aussuchen. Du meine Güte, wie lange trägst du denn diese Unterhose schon? Sechs Wochen?«

»Nein fünf ... Monate, sieht man das?«

»Mach jetzt hinne.«

Dann begann er zu lachen.

»Indianer geben Fremden ja einen Namen danach, wobei sie ihn zum ersten Mal sehen. Also wenn sich jetzt welche angeschlichen hätten und uns beobachten würden, hießest du: Der sich mit Blättern den Popo putzt.«

Just in diesem Moment bohrte sich ein Pfeil in des Banditen blankes Hinterteil, und er fiel mit einem Schrei auf den Bauch.

Boner fuhr herum und feuerte in die Richtung, aus der der Pfeil gekommen war, nicht ohne sich dabei in die Hose zu machen, denn, wir erinnern uns, lieber Leser, er musste ja auch.

»Dass mit dem direkten Ansprechen des Lesers finde ich gut«, sagte Klara, »aber der Rest ist indiskutabel, diese Kraftausdrücke und die sexuellen Anspielungen. Wieso musst du den Stuhlgang thematisieren, das ist doch krank, kommt wahrscheinlich noch aus deiner Zeit im Knast. Also das schreibst du schön alles neu.«

Mit diesen Worten nahm sie ihm die Blätter weg und zerriss sie. Manchmal konnte Karl Mays Frau ganz schön streng sein, aber geschadet hat's ihm nicht.

Psychotennis

Sie: Was guckst du da?

Er: Tennis, siehst du doch.

Sie: Seit wann interessierst du dich für Tennis?

Er: Immer schon, und das ist ein gutes Spiel.

Sie: Wer sind die?

Er: Radwanska und Petrova.

Sie: Aha, und wer gewinnt?

Er: Petrova, leider.

Sie: Wieso leider, ist sie die schlechtere?

Er: Nein.

Sie: Aber dann ist es doch okay.

Er: Ja, natürlich ist es okay, aber ich gönne es der Radwanska.

Sie: Wieso.

Er: Na so halt, sie ist mir sympathischer.

Sie: Wieso denn? Guck mal, wie nett die andere gerade gelacht hat, und deine guckt so verbiestert.

Er: Es geht doch nicht ums Lachen.

Sie: Um was denn?

Er: Sie spielt eleganter und intelligenter.

Sie: Warum gewinnt sie dann nicht?

Er: Es gibt so was wie eine Tagesform, dann liegt einem nicht jeder Gegner, und innerhalb der Top-100-Spieler kann sowieso jeder jeden schlagen.

Sie: Und das hat nichts damit zu tun, dass du die Raddingsbums einfach geiler findest?

Er: Sie heißt Radwanska, und findest du nicht, dass du dich ein bisschen ordinär ausdrückst?

Sie: Ahh, touché, ich habe den Nagel auf den Kopf getroffen, und jetzt lässt der Herr plötzlich den Feingeist raushängen, ihr Kerle seid so was von schlicht gestrickt, warum machst du jetzt den Fernseher aus?

Er: Ich muss noch was arbeiten, du willst schließlich eine neue Waschmaschine, obwohl die alte noch geht.

Sie: Da ist schon dreimal der Schlauch geplatzt, und der nette Herr vom Kundenservice hat gesagt, da sind alle Zuleitungen verkalkt, und irgendwann setzt die uns die ganze Bude unter Wasser.

Er: Das würde ich auch sagen, wenn ich einer unbedarften Hausfrau eine neue Maschine andrehen will.

Sie: Du wirst jetzt nicht zufällig persönlich, nur weil ich dich dabei ertappt habe, wie du dich an einer Tennisspielerin verlustierst?

Er: Warum sagst du nicht aufgeilst, wenn du es doch offensichtlich meinst?

Sie: Ich will mich nicht wieder ordinär ausdrücken, da bist du doch heute so sensibel.

Er: Du gehst mir langsam auf den Wecker, lass mich bitte arbeiten.

Sie: Guck mal, ich habe hier zwei Clownsnasen, die setzen wir jetzt auf, und dann streiten wir weiter.

Er: Drehst du jetzt ganz durch?

Sie: Das ist ein Streittipp aus Eckart von Hirschhausens Liebesbuch, das soll entkrampfen, ich find's eine süße Idee. Ist sowieso ein toller Mann.

Er: Du schiebst dir jetzt die Clownsnasen samt Buch und Autor hinten rein und lässt mich in Ruhe arbeiten.

Sie: So scheiße, wie du drauf bist, fällt dir sowieso nichts

Lustiges ein, guck lieber weiter Tennis, übrigens, findest du nicht, dass die Radlowski sehr schmale Lippen hat, du stehst doch eher auf volle Lippen?

Er: Wer sagt das?

Sie: Du. Zumindest kurz nachdem wir uns kennengelernt hatten, hast du mir in der Pizzeria Anselmo gesagt, ich hätte Lippen wie Julia Roberts und darauf führst du besonders ab!

Er: Das soll ich gesagt haben? Zu dir? Das glaube ich nicht.

Sie: Wie bitte? Heißt das, du findest auf einmal, ich bin schmallippig, so wie deine Ratzkowski?

Er: Ja, und was hältst du davon, wenn ich dir ein paar Tennisstunden spendiere?

Der Krach dauerte eine Woche, sie ließ ihn praktisch am ausgestreckten Arm verhungern, und auch in der Männergruppe »Wie sag ich's meiner Frau«, wie sie ihren Stammtisch nannten, konnte ihm keiner erklären, was so schlimm an seiner Antwort gewesen war.

Günther meinte zwar: »Vielleicht hättest du besser gesagt ›Geschmäcker ändern sich, meine Liebe, Liebe macht blind, bei Julia Roberts ist auch der Lack ab‹«, konnte sich damit aber nicht durchsetzen. Am Ende wurde als bester Satz einstimmig verabschiedet: »Was soll der ganze Mist, wir setzen jetzt die Nasen auf und schieben ein Nümmerchen, und wer zuerst lacht, hat verloren.«

Jedenfalls guckt er kein Damentennis mehr.

Was ich alles nicht möchte

Ich habe eine wunderbare Methode entwickelt, den Tag zu meinem Freund zu machen. Ich bleibe nach dem Aufwachen noch liegen und stelle mir irgendeine unangenehme Situation vor, in die ich geraten könnte, und alles was an dem Tag realiter passiert, ist dann im Vergleich schon mal nicht so schlimm. Hier eine kleine Auswahl, vielleicht auch als Anregung für Sie.

Ich sitze mit einem Kumpel in einer Kneipe. Wir haben uns schon über die Besoffenen am Tresen lustig gemacht und allerlei Mutmaßungen über die Bereitschaft der Bedienung zu voraussetzungslosem Sex angestellt, als ein Mann die Kneipe betritt, in der Mitte des beinahe quadratischen Raumes stehen bleibt und beginnt, jeden Gast eindringlich zu mustern. Schon das ist ein ungewöhnlicher Vorgang, der bei wohl den meisten Leuten Unbehagen auslösen würde, aber es gibt noch weitere Faktoren, die den kollektiven Wunsch nach einem Ortswechsel verstärken. Der Mann hat eine mächtige Beule an der Stirn, die den Anschein erweckt, als könnte sie jeden Moment platzen und allerlei unschöne Sekrete absondern, womöglich explosionsartig. Die Haare des Mannes sind offenbar längere Zeit nicht gewaschen worden und kleben fettig an Kopf und Nacken. Die Oberbekleidung wirkt schmuddelig und ist keinem bekannten Modelabel zuzuordnen.

Die Unterbekleidung hingegen fehlt. Der Mann trägt nur ein T-Shirt, ein Sakko sowie Sandalen mit grauen Socken. Gerade als er mich im Visier hat, ergreift er mit der Linken sein bereits bei der Ankunft halb steifes Glied und beginnt zu masturbieren. Nun kennt die Neurologie den Begriff »Spiegelneuronen«. Das ist ein Netzwerk im Gehirn, das uns Vorgänge miterleben lässt, die wir nur optisch oder akustisch wahrnehmen, von denen wir sogar nur lesen oder hören. Das ist in aller Kürze das Wirkprinzip der Pornografie. Folgerichtig bemächtigt sich meiner eine widerwillige Erregung, eine Erektion unter Protest sozusagen. Der unheimliche Fremde starrt mich weiter an und kommt auf mich zu, ohne seine Aktivitäten einzustellen oder auch nur zu verlangsamen. Knapp einen Meter vor mir bleibt der Mann stehen. Mein Geruchssinn ist vielleicht nicht der schärfsten einer, reicht aber völlig aus, um mich an der den Fremden umgebenden Dunstwolke von Schweiß, Nikotin und sehr altem Käse teilhaben zu lassen. Mein Bekannter erhebt sich mit den Worten »Muss mal pinkeln« und ist, wie man so sagt, fein raus. Die junge, etwas pummelige Kellnerin ruft seit geraumer Zeit immer mal wieder »Josef, du weißt schon, dass du Hausverbot hast? Josef, ich sag's nicht noch mal, hau ab! Ohne Hose will dich hier keiner sehen, und hör auf, dich zu befingern, ist ja ekelhaft!«

Sie spricht mir aus dem Herzen, aber eben folgenlos.

Nur noch mal zur Klarstellung: Das alles habe ich mir vorgestellt, weil ich später an diesem Tag zum Zahnarzt musste, und es hat mir überhaupt nichts ausgemacht, mal abgesehen davon, dass ich mich sehr zwingen musste, die Vorstellung aus dem Kopf zu kriegen, dass der Zahnarzt untenrum unbekleidet war.

An einem anderen Tag, an dem ich von grundloser Unzufriedenheit mit der Gesamtsituation gebeutelt wurde, stellte ich mir vor, ich bin Psychiater und es kommt gerade ein neuer Bekloppter ins Sprechzimmer. Ich sage also:

P: Was ist Ihr Problem?

K: Ich komme aus einer anderen Galaxie, deren Bewohner

den hiesigen weit überlegen sind. Ich kann das sagen, weil wir seit langer Zeit Erdlinge entführen, Experimente im Dienste der Forschung an ihnen vornehmen, um möglichst viel über sie zu erfahren.

P: Darf ich fragen, warum Sie einen BH tragen?

K: Komische Frage, weil ich eine Frau bin.

P: Was macht Sie da so sicher, Herr Schubert?

K: Nun ja, als ich mit der U-Bahn zu Ihnen gefahren bin, hat mir ein Mann seinen Platz angeboten.

P: Ist er unmittelbar danach ausgestiegen?

K: Ja, das stimmt.

P: Betrachten Sie das jetzt nicht als Angriff oder auch nur Wertung Ihrer Aussage, aber Bochum hat keine U-Bahn.

K: Bochum?

P: Bochum.

K: Wie kommen Sie auf Bochum?

P: Nun, ich bin hier geboren, aufgewachsen, habe hier studiert, meine Praxis ist hier …

K: Ihre HNO-Praxis ist nicht in Wuppertal?

P: Nein, und es ist keine HNO-, sondern eine psychologische Praxis. Lassen Sie mich eine Vermutung äußern: Kann es sein, dass Sie Dinge, Fakten, Sachverhalte durcheinanderbringen?

K: Nein, nicht dass ich wüsste, obwohl, meine Frau sagt das auch öfters

P: Ihre Frau? Sagten Sie nicht, Sie sind selber eine Frau, Herr Schubert?

K: Ja, wir sind ein lesbisches Paar, haben Sie davon noch nie gehört?

P: Doch, doch, aus welcher Galaxie stammen Sie noch mal?

K: Wuppertal. Die Methode hilft immer, probieren Sie's mal!

Wie Gott den Witz erfand

Eines Tages kam Gott zu Adam und Eva und sagte: »Habt ihr Lust, meine neueste Schöpfung zu bewundern?«

»Ja, sicher«, sagten die beiden, »was ist es denn?«

»Es ist eine kleine Erzählung, über die man lachen kann, ich habe sie Witz genannt.«

»Na, dann erzähl mal«, sagte Adam, »lachen tu ich gerne, letztens, als Eva sich in den Ameisenhaufen gesetzt hat, hab ich mich fast totgelacht. Von wem handelt die Geschichte denn?«

»Na, Adam, von wem wohl? Siehst du hier noch andere außer uns drei?«

»Na klar, hier sind doch noch jede Menge Tiere, die sind auch lustig, zum Beispiel die Bonobos, die alle zwanzig Sekunden fi…«

»Ist gut Adam, aber diese Geschichte handelt von uns dreien. Und ich spreche von mir in der dritten Person.«

»Häh?«

»Vergiss es, Adam, hör einfach zu! Also: Eines Tages, kurz nachdem er sie geschaffen hatte, kam Gott zu Adam und Eva und sagte: ›Ich habe noch zwei Geschenke für euch, ihr müsst euch nur einigen, wer was bekommt. Das eine ist, stehend pinkeln zu können.‹ Und Adam rief gleich: ›Ja, das will ich haben, das macht sicher viel mehr Spaß als dieses Hinhocken. Krieg ich das, Eva?‹ Und Eva sagte: ›Wenn es dir so viel Freude macht, dann bitte.‹ Und Adam jauchzte vor Begeisterung, pieselte gleich mal an drei Bäume, rannte an den Strand, pieselte

ein Muster in den Sand und kriegte sich kaum ein vor Begeisterung. Dann kam er zurück und sagte: ›Und was kriegt Eva?‹
Und Gott sprach: ›Ein Gehirn‹.«

Und dann schaute er die beiden erwartungsvoll an.

Adam sagte: »Verstehe ich nicht, was soll daran komisch
sein?«

Und Eva meinte: »Ich verstehe die Geschichte zwar, finde es
aber nicht gut, dass du dich über Benachteiligte lustig machst,
zumal du selbst der Verursacher der Benachteiligung bist.«

Gott zog eine Schnute und beleidigt ab. Aber die Schlappe
ließ ihm natürlich keine Ruhe. Er überarbeitete seine Geschichte wieder und wieder, denn der beste Witz macht dem
Erfinder keinen Spaß, wenn keiner darüber lacht.

Dann war es so weit. Gott besuchte die beiden wieder und
sagte: »Ich habe meinen Witz verändert, wie findet ihr ihn jetzt:
Als Gott die Menschen schuf, improvisierte er wie ein Koch,
der sich nicht streng an Rezepte hält, sondern aus dem, was
da ist, was zusammenrührt. Die ersten Menschen sahen alle
gleich aus, auf einmal stellte Gott fest, dass er von einem bestimmten Bauteil nichts mehr hatte und musste sich was einfallen lassen. Und einige sagten: ›Wieso sehen wir anders aus
als die, die du zuerst gemacht hast?‹ Und Gott darf ja nicht
lügen, also sagte er: ›Sorry Kinder, Hirn ist alle, ab jetzt gibt's
Titten.‹«

Und Adam sagte: »Der ist gut, das erklärt, warum Männer
schlauer sind als Frauen.«

Und Eva sagte: »Ja, wirklich toll. Macht das eigentlich Spaß,
so allein am Stammtisch?«

Und dann ging sie hoch erhobenen Hauptes weg.

Und Gott fühlte sich richtig mies.

Adam wollte ihn aufmuntern und sagte: »Vergiss die blöde
Kuh, ich find den Witz toll, erzähl ihn noch mal!«

Und Gott ging beschämt zurück, und ihm wurde klar, dass er gerade, ohne es zu wollen, den Beifall von der falschen Seite erschaffen hatte. Und natürlich ließ ihm diese neuerliche Schlappe keine Ruhe. Und er grübelte und grübelte. Und einige Wochen später stand Gott wieder auf der Matte und sagte: »Ich glaube, jetzt habe ich die Geschichte rund, wollt ihr sie hören?« Und beide nickten, wobei Eva kurz die Augen verdrehte.

»Eines Tages, in einem frühen Stadium der Schöpfung, rief Gott: ›Adam, komm mal her. Ich habe eine gute und eine schlechte Nachricht, welche willst du zuerst hören?‹ – ›Ähem …‹ – ›Vergiss es, Adam, hier ist die gute Nachricht: Du bekommst ein Geschlechtsteil und ein Gehirn!‹ Und Adam freute sich fast ein Bein aus, denn die hatte er ja schon. ›Und jetzt die schlechte Nachricht: Du kannst sie nicht gleichzeitig benutzen.‹«

Und Adam sagte: »Da fand ich den mit den Titten aber besser«, und ging pinkeln.

Eva aber lächelte Gott an und sagte: »Der ist gut.«

Und Gott wurde sogar ein bisschen rot. Denn er war ein bisschen verknallt in Eva.

Tote werden immer dicker

Und wieder liegt unser Pärchen im Bett und liest sich Meldungen aus aller Welt vor.

Er: Hier, hör mal, aus dem Hohlspiegel mit den versammelten sprachlichen Fehlleistungen, Überschrift im Regensburger Wochenblatt: »Tote werden immer dicker.«

Sie: Guck an, die auch.

Er: Was soll das denn heißen, ah ja, schon verstanden. Dazu passt dieser Bildartikel ganz gut: »Ehepaar lässt sich nach 64 Jahren scheiden.« Ja, wie sagt Nestroy: »An Scheidungsgründen fehlt es nie, wenn nur der gute Wille da ist.«

Sie: Also 64 find ich schon ganz schön lang, aber hör mal hier: Ein Student hat sein Studium an einer privaten Hochschule für Ökonomie und Management statt in elf in vier Semestern beendet, die Zahlungen eingestellt und soll jetzt trotzdem Gebühren nachzahlen, hat das Amtsgericht entschieden. Ich denke Leistung soll sich wieder lohnen?

Er: Wenn du in der Kneipe ein Bier bestellst, trinkst es aber nur halb aus, kriegst du auch nichts wieder, oder wenn du im Puff keinen ...

Sie: Ohh, du wieder mit deinen typisch männlichen Beispielen, du bist ja so was von gestrig, hier guck mal, die Piraten nennen sich Eichhörnchen.

Er: Bitte?

Sie: Lena Rohrbach erklärt es in einem Interview so: Eichhörnchen ist bei den Piraten ein kreativer Begriff für Leute, die sich den Geschlechterkategorien entziehen wollen, die mal das eine, mal das andere sein wollen.

Er: Dafür gibt es doch schon den kreativen Begriff Metrosexuelle, die ihre weiblichen Anteile offener spazieren führen, da fällt mir ein schönes Zitat von Joschka Fischer ein: Mir gehen die Klemm-Chauvis auf den Sack, die auf breiter Schleimspur der Frauenemanzipation hinterherkriechen.

Sie: Weil du genauso ein alter Sack bist wie er, aber die jungen Leute, die mit dem Internet aufgewachsen sind, haben fast alle schon mal im Chat eine andere Identität angenommen, sagt Frau Rohrbach.

Er: Ja klar, das gab's schon immer, bei den Partnersuchanzeigen, wo der versoffene vierzigjährige Fettsack schreibt: »Athletischer Mittzwanziger, vermögend, sportlich, künstlerisch interessiert, sucht attraktive Partnerin bis 30, gern mit Haus und Auto.«

Sie: Mit anderer Identität meine ich anderes Geschlecht. Hast du dir nie gewünscht, in einem anderen Körper zu sein?

Er: Das war ich oft genug.

Sie: Ich hätte es wissen müssen, mit dir kann man nicht ernsthaft über so was reden. Wenn du für ein paar Stunden meinen Körper gegen deinen tauschen könntest, würde dich das nicht reizen?

Er: Nur wenn ich mein Gehirn behalten kann. Aber was haben wir denn hier in der Bild: »Wann man lügen sollte: Wer eine Affäre gesteht, will meist nur sein Gewissen erleichtern, erwartet Verzeihung. Der Partner erleidet den Schmerz, kann nichts mehr ändern. Besser: Schweigen – und dann in Zukunft treu bleiben.«

Sie: Warum hast du mir jetzt ausgerechnet das vorgelesen und nicht – gib mal her – diese Stelle: »Das selbst gemalte Bild eines Kindes mag kläglich aussehen. Würden Sie das ehrlich sagen, entmutigten Sie das Kind. Besser: Loben und darauf vertrauen, dass es mit den Jahren geschickter wird?«

Er: Wir haben keine Kinder.

Sie: Aber Seitensprünge haben wir?

Er: Ich kann nur für mich sprechen, ich habe keine.

Sie: Aber mir traust du welche zu?

Er: Eine so attraktive Frau wie du ist immer in Gefahr, in einem schwachen Moment dem ubiquitären Werben fremder Rüden nachzugeben.

Sie: Was ist das?

Er: Du weißt nicht, was ein Rüde ist?

Sie: Ich meine ubizitär.

Er: Deine Fremdsprachenkenntnisse sind defizitär, es heißt ubiquitär und bedeutet dasselbe wie omnipräsent, also allgegenwärtig.

Sie: Manchmal gehst du mir so auf die Eierstöcke mit deiner Klugscheißerei.

E: Gutes Stichwort, ich glaub, ich werde mal einen Bob in die Bahn jagen.

S: Du bist so ein Romantiker, da zünde ich doch glatt eine Duftkerze an!

Danke, »Bunte«!

Dank der Zeitschrift »Bunte« vom 3.4.14 ist mein Weltbild zurechtgerückt. Wie sicher ganz viele Mitbürgerinnen und Mitbürger war ich kritiklos gerührt von einem Foto, das im März jede, aber auch wirklich jede Zeitung gedruckt hat: Kate und Prinz William schauen uns strahlend aus einem Fenster des Kensington Palace an, William hat Lupo, den Familienhund im Arm, der kleine Prinz George, den man wohl als Wonneproppen bezeichnen kann, scheint auf den Hund einzureden, ein Bild des Glücks, wie »Bunte« meint. Herrlicher Schnappschuss, denkt man, was hat der Fotograf für ein Glück gehabt und sich sicher dumm und dämlich verdient. Im Artikel auf Seite 32 heißt es dann: »Das Foto wurde sorgfältig von Starfotograf Jason Bell, 44, inszeniert und via Photoshop mit einer nostalgischen und seit Instagram als chic geltenden Sepia-Optik versehen. Diese weckt warme Gefühle und sendet eine Vertrauensbotschaft aus.«

Sepia und Instagram gehen mir am Arsch vorbei, aber inszeniert? Diese Eltern werden mal Königin und König sein und lassen sich samt Kind und Hund für eine warme Gefühlsbotschaft instrumentalisieren? Wie hat man sich den Tathergang konkret im Wortlaut vorzustellen? Ein Vorschlag, nur so neben die Tüte gekotzt:

Kate: Soll ich nicht lieber ein bisschen was Buntes anziehen, es ist doch Frühling!

Jason Bell, 44: Nein Hoheit, mit Verlaub, das schlichte weiße Blüschen kommt genau richtig, und wenn die Sepia-Optik erst dazukommt...

Kate: Die was?

Jason Bell, 44: Sepia-Optik, Hoheit, das taucht alles in einen nostalgischen Elfenbeinton, der warme Gefühle weckt und eine Vertrauensbotschaft aussendet!

Kate: Nostalgisch? Meinst du wirklich? Lässt mich das etwa älter aussehen?

William: Nein, Schatz, vertrauenerweckend, als ob man dich schon ewig kennt, stimmt's, Jason, alte Socke? Und jetzt mach mal. Georgieboy hat gerade groß gemacht, und mir wird recht warm im Schoß!

Kate: Dann gib ihn mir, und du nimmst den Hund, der haart mir gerade sowieso den ganzen Rock voll.

Jason Bell, 44: Hoheit, das sieht man nicht, und dann müsste Prince William ein weißes Hemd anziehen, sonst sieht man den Hund nicht.

William: Aber ich finde das T-Shirt mit »Married, but still horny« total witzig!

Kate: Will, ganz ehrlich? Ich finde es ein bisschen pubertär, außerdem stinkt der Hund, also zieh dich um.

William: Also echt jetzt, mein T-Shirt ist scheiße, dann soll ich mit meiner beginnenden Glatze auch noch die langhaarige Töle nehmen, langsam stinkt's mir.

Eine halbe Stunde später sind beide umgezogen, bei Willi hatte es nur fünf Minuten gedauert, aber, wir erinnern uns, der Rock war voller Haare.

Jason Bell, 44: Können wir? Hoheit, es wäre super, wenn der Kleine den Hund angucken könnte, statt zu versuchen, an Hoheits Brust zu kommen …

William: Oh scheiße, einer von uns vieren hat jetzt gefurzt, und ich war's nicht!«

Jason Bell, 44: Ja, jetzt guckt er, so bleiben, es sieht genauso aus, als ob George zu Lupo sagt: Ich weiß, dass du es warst, als ob du nicht schon genug stinkst, wenn ich erst König bin, wirst du eingeschläfert!

Und als hätten sie's verstanden, mussten auch Kate und Willi lachen, und so ging das Foto mit der warmen Sepia-Botschaft um die Welt.

Beim Dehnen singe ich Balladen

Ich bin ja ein Althippie, meine musikalische Prägung waren die Sechziger, Love and peace, und das bestimmt manchmal immer noch meinen Lebensstil. Jeden Tag können wir um uns herum so viel Aggression erleben, das macht mich immer traurig. Zum Beispiel, wenn einer dem anderen den Parkplatz wegschnappt.

– Hey du Spast, wart' isch hier schon ganze Zeit.

– Selber Spast, du Opfer, du weißt doch gar nicht, was Spast ist!

– Weiß ich wohl Arschloch, ist kleine Vogel.

So was werden Sie von mir nie hören. Sie waren zuerst, bitte, nein, Ihrer ist größer, ich finde schon was, nein, stellen Sie Ihren Wagen rein, und dann steigen Sie bei mir ein, und wir suchen zusammen für mich einen Parkplatz, und dabei hören wir ein paar Oldies, wir können auch was rauchen, wenn Sie wollen ... »If you're going to San Francisco« ...

Ich singe viel, man soll täglich eine halbe Stunde singen, das stärkt das Immunsystem, da ist man sechs Stunden vor einer Grippe geschützt. Oder war's umgekehrt? Und ich versuche, immer das Passende zu singen.

Meine Frau hat einen Garten. Und wenn ich da arbeite, singe ich sehr gerne Spirituals, »black work songs«, wie sie die Sklaven auf den Baumwollplantagen sangen, um die harte Fron zu lindern: »Nobody knows the trouble I've seen«, scheiß Schnecken, habt ihr mir wieder das Basilikum angefressen, wo ist das Schneckenkorn, bald seht ihr den Herrgott, ihr Arschgeigen,

»nobody knows but Jesus« ... und euch hau ich gleich mit der Schüppe platt ... »he's got the whole wide world in his hand« ...

Oder beim Kochen, wenn ich italienisch koche, »Nessun dorma«, erinnern Sie sich noch, Paul Potts, wie dieser strenge Juror Pipi in die Augen kriegte, oder beim Pizzabacken sing ich: »Heißer Sand und ein verlorenes Land und ein Leben in Gefahr« ... wenn ich Buletten mache, singe ich dabei etwas aus Berlin, »Bolle reiste jüngst zu Pfingsten, nach Pankow war sein Ziel« ...

Beim Vollzug der ehelichen Liebe gibt es nur ein Lied: Daliah Lavis »Ohhhhhh, wann kommst du?«.

Ich rege mich auch nicht mehr über schwachsinnige Texte auf, Singen macht friedlich, wie heißt es: Wo man singt, da lass dich nieder, böse Menschen haben keine Lieder, vielleicht ist es auch ein Stück weit das Altersmilde.

Xavier Naidoo zum Beispiel liebt man, oder findet ihn zum Würgen. Die weiblichen Fans sagen: Er singt so zärtlich. Ich könnte sagen, nein, nein, da verwechselst du zärtlich mit langweilig, aber dann würde die Diskussion ja weitergehen. Sie würde sagen: Aber die Texte sind so nachdenklich. Da müsste ich sagen: Texte können nicht nachdenklich sein. Menschen sind nachdenklich, und Xavier Naidoo ist das nicht, wenn ich seine Texte so sehe:

»Auch wenn du grad bitterlich weinst, bitte gib nicht auf,
Auch wenn du wie verstorben scheinst,
bitte gib nicht auf!«

Wie verstorben heißt wie tot, regungslos, lautlos, da wird auch nicht mehr bitterlich geweint, und da wird vor allem nicht gesungen: bitte gib nicht auf ... da wird zum Defibrillator gegriffen und gebrüllt: Weg vom Bett und dann: tschumm!

Aber das Killerargument ist: Unsere Nationalmannschaft hat ihr Song »Dieser Weg wird kein leichter sein« beim Sommermärchen 2006 seinerzeit auf den dritten Platz getragen. 2014 wurde nicht gesungen und – zack – wurden wir Weltmeister.

Aber eigentlich ist die ganze Streiterei darüber, was ein guter Text ist, müßig. Ich bin ein großer Eric-Clapton-Fan. Wir haben damals an die Wände gesprüht: »Clapton ist Gott«.

»Wonderful tonight« ist eines seiner schönsten Lieder, aber der Text? Ich hab mal die erste Strophe übersetzt: Wir geh'n auf 'ne Party, sie überlegt, was sie anziehen soll, sie trägt schon mal Schminke auf und macht sich die Haare toll. Ja und dann fragt sie: Sag mal, findest du mich schön, und ich sag: So was Schönes wie dich hab ich noch nie gesehen.

Es ist eben eines der vielen Lieder, wo der Gefühls- oder auch Gebrauchswert im Vordergrund steht und der Text in den Hintergrund tritt.

»House of the Rising sun«, die Schieberplatte meiner Pubertät, ist eigentlich eine aufrüttelnde Sozialballade über die negativen Auswirkungen eines suboptimalen Elternhauses auf Kinder. Scheiß drauf, das Ding war sieben Minuten lang, da kriegte man ganz schön was weggeknutscht beim Klammerblues.

Oder beim Sport hört man auch nicht auf den Text. Beim Dehnen singe ich Balladen, rechter Arm ist Elvis, »Love me tender«, linker Engelbert: »Please release me let me go« … Beim Aerobic brauch ich's dann schneller: Am Tag, als Conny Cramer starb. Und ganz wichtig: die Lieder, mit denen schöne Erinnerungen verknüpft sind: Man vergisst ja auch nie das Lied, das lief, als man seine Unschuld verlor. Bei mir war das »Süßer die Glocken nie klingen«. Während der Christmette haben wir uns in die Taufkapelle geschlichen, es war scheißkalt, Blasen-

und Lungenentzündung, ich bin dann auch aus der Kirche ausgetreten, aber in die Christmette gehe ich immer noch ab und zu, gucken, ob was geht. Nein, das war ein Scherz. Aber manchmal, wenn mich ein sonderbares Sehnen fasst, packe ich spontan meine alte Flöte aus und spiele »Süßer die Glocken nie klingen«.

Äußere Anzeichen

Obwohl ich ein hoffnungsloser Romantiker bin, versuche ich doch immer, mir die neuesten wissenschaftlichen Erkenntnisse zunutze zu machen. Und da sieht es ganz so aus, als ob die viel geschmähten Äußerlichkeiten eben nicht nur schöner Schein sind, sondern auf innere Werte oder auch Unwerte hindeuten. Eine schottische Studie kam zu folgender Erkenntnis: Je besser jemand aussieht, desto selbstsüchtiger ist er. Hauptkriterium dabei: symmetrische Gesichtszüge. Und solche Menschen sind in aller Regel gesünder, attraktiver und unabhängiger. Es gibt kaum Anreize für sie, mit anderen zu kooperieren. Aber just diese Schönlinge, die meist auch Machos sind, werden von den Frauen an den fruchtbaren Tagen präferiert, das heißt, da ist der weibliche Verstand ausgeschaltet, an den sicheren Tagen hingegen fühlen sie sich von den treuen Schluffen, die eben nur mittelmäßig bis beschissen aussehen und deshalb nicht so oft fremdgehen werden, angezogen, weil die die Aufzucht der Kinder eher gewährleisten.

Wenn sich das bei den Frauen rumsprechen würde, könnten wir eine ganz neue Gesprächskultur in der Disco erleben: Möchtest du tanzen? Verpiss dich. Was hab ich falsch gemacht? Hallo? Schon mal in den Spiegel geguckt? Du hast symmetrische Gesichtszüge, also keinerlei soziale Kompetenz, ich verplempere meine Zeit doch nicht mit einem egoistischen Arschloch, zieh Leine und fick dich selbst, du Schönling. Und dann käme ich: Tschuldigung, hab eben das Gespräch mitgehört, ich bin genau das, was sie suchen, wollen wir gehen, ich bin gesund, wenn Sie es auch sind, brauchen wir auch keine Kondome, denn ihre fruchtbaren Tage sind in sicherer Entfernung.

Gut, das ist graue Theorie, denn viele solcher wissenschaftlichen Erkenntnisse sprechen sich eben nicht rum, Frauen wollen das, glaube ich, auch gar nicht wissen, so wie viele Männer ja auch nicht davon abzubringen sind, dass die gelenkige Schönheit an der Stange der Tabledancebar sich gerade in sie verliebt hat, weil man ihr einen Zehner in den Slip gesteckt hat.

Frauen nach den Wechseljahren präferieren zu sechzig Prozent Brustbehaarung, vorher nur die Hälfte. Beim Mann. Wenn also die attraktive Witwe die sechzig überschritten hat, kann es sich lohnen, bei der Trauerfeier die Krawatte abzulegen und unauffällig die ersten drei Hemdknöpfe zu öffnen. Kann, muss nicht. Aber, wenn Sie zum Beispiel ein Beratungsgespräch mit ihrem Banker haben, lassen sie sich seine Hand zeigen. Männer haben im Durchschnitt einen etwas längeren Ring- als Zeigefinger. Je .größer der Unterschied, umso aggressiver, risikobereiter, promisker und erfolgreicher im Aktienhandel ist der Mann angeblich.

Wenn ihr Banker einen nur sehr kleinen Unterschied hat, können Sie noch, um sicherzugehen, fragen: Wann sind sie das letzte Mal fremdgegangen? Dann wird er wahrscheinlich sagen: Gar nicht, ich bin absolut treu, weil er denkt, das nimmt Sie für ihn ein, der Blödmann. Und dann konfrontieren sie ihn mit diesem Buchkapitel und erklären die Zusammenarbeit für beendet.

Alles Banane

Machen wir ein Spiel: Stellen Sie sich eine Banane vor. Welche Assoziation kommt Ihnen als erste? Eine Ernährungsberaterin wird denken: ein äußerst wertvolles Lebensmittel, reich an Phosphor, Kalium, Calcium, Vitamin A, B1 und B2.

Eine modebewusste Frau denkt vielleicht: schön gelb die Banane. Gelb steht mir auch gut. Einen großen Teil unserer psychischen Verfassung signalisieren wir durch die Farbwahl unserer Kleidung. Wer Gelb trägt, ist im Grunde depressiv. Er versucht, fröhlich zu wirken. Schaut doch, ich trage Gelb, haha. Dabei weiß er im Innersten, dass Gelb ihm nicht steht. Gelb steht niemandem. Dadurch wird er noch depressiver, als er ohnehin schon ist.

Blau bedeutet: Ich bin ruhig, ich nehme die Dinge leicht. Kohl trug immer viel Blau.

Weiß heißt: sauber, unberührt, jungfräulich. Warum tragen Nonnen Schwarz? Man weiß es nicht. Zurück zur Banane.

Ein Mann denkt vielleicht, da sind zwanzig Prozent Einfuhrzoll drauf, weil er Obst und Gemüsehändler ist.

Wer gern in Ferienklubs fährt, denkt ans Banane-Fahren, das große gelbe, von einem Motorboot gezogene Wassersportgerät, auf das man nie wieder draufkommt, wenn man runtergefallen ist, da habe ich mal beinahe zwei Zähne verloren, weil die Frau, die vor mir saß, ihrer Begeisterung durch sehr lautes Jauchzen Ausdruck verlieh, wobei sie den Kopf sehr weit in den Nacken warf.

Der Musikliebhaber denkt an Harry Belafonte, »Hey Mister telly man, telly me banana«, Diätbewusste denken: Sieben Bananen haben nicht mehr Kalorien als ein Schokoriegel.

Der Komiker denkt sofort an jemanden, der auf der Schale ausrutscht und hinfällt, oder an die Banane im Witz. Eine Banane und ein Vibrator liegen auf dem Nachttisch, sagt die Banane, was zitterst du denn so, wer wird denn gleich gefressen, du oder ich?

Vielleicht sehen Sie die Banane von nun an mit anderen Augen, und auch die Ernährungsberaterin aus dem ersten Beispiel denkt nicht mehr unbedingt an Vitamine.

Beziehung heute

Beziehungen heutzutage sind nicht einfach, man muss als Mann flexibel sein bis zur Selbstverleugnung, denn auf dem Spielfeld der Paarbeziehung streben die Frauen mittlerweile 90 Prozent Ballbesitz an.

Früher ging der Dialog so: Er: Was machen wir heut Abend? Sie: Was immer du willst, Schatz!

Heute: Er: Was machen wir heut Abend?

Sie: Du, ich dachte, wir gehen zu dem neuen Japaner essen und dann ins Kino, den neuen Woody Allen hab ich noch nicht gesehen, und dann vielleicht noch einen Cocktail in der Paris Bar, und dieses Hemd trägst du nicht, zieh dich gefälligst um. Ich möchte mich nicht schämen müssen.

Oder: Wenn die Frau keinen Orgasmus bekommt, wer ist dann schuld? Der Mann. Ja, er hat keinen guten Job gemacht, wie es auf neudeutsch heißt. Wenn der Mann keinen hochkriegt, wer ist dann schuld? Auch der Mann, soll er zum Arzt gehen.

Auch die sexuelle Initiative geht praktisch immer von der Frau aus, vor allem, wenn sie ein Kind will. Dann wird die Frau immer Temperatur messen, Tabellen anlegen und kann dann bestimmen, wann die voraussichtlich fruchtbaren Tage sind, oder auch Stunden, und dann muss der Mann ran. Sofort. Aber auch nur dann. Aber wenn er mal will und es passt gerade nicht, nee, lass mal.

Ich stell mir nur mal vor, ich sitze da mit meiner zukünftigen Kindesmutter, Samstagabend, sie liest, ich auch, oder spiele an der Wii-Konsole Tennis, da muss man nämlich gar nicht so rumhampeln, das geht wunderbar aus dem Handgelenk, oder gucke einen Film, ab und zu Blickkontakt und ein geräuntes »Lieb dich« »Ich dich auch«, mehr brauch ich nicht, schön gemütlich abhängen, »Homing« oder auch »Cocooning« heißt das neudeutsch, dann Pizza bestellen, eine kleine für sie, eine große für mich, und sie schafft die kleine schon nicht, und ich zwinge mir alles rein und sitze da wie Graf Zeppelin, wie der Versuch Gottes, die menschliche Haut auf das Äußerste zu spannen, und sie geht raus, und dann will ich den obersten Knopf der Hose aufmachen, und er ist schon auf, und dann kommt die Frau aus dem Bad zurück und sagt: »Ich glaub, jetzt wär's grad günstig.«

Und noch etwas: Frauen wollen ja während des GVs immer reden, Männer nicht. Ich habe oft sexuelle Fantasien, von Frauen, die nicht dabei reden. Oder wenn, dann nur so Sachen wie: »Oh toll, du bist der Wahnsinn«, wo man nur nicken muss oder sagen kann: »Ich weiß.«

Aber so was sagen Frauen nicht. Sie sagen stattdessen Dinge wie: »Aua, du liegst auf meinem Haar« oder »Heb dich mal, mein Bein schläft ein« oder »An was denkst du gerade?«. Was soll man darauf sagen. Kennst du nicht?

Männer ziehen das stumme Vor-sich-hin-Pumpen vor, offensichtlich eine Überlebenstechnik, wie man jetzt weiß. Denn Mediziner haben festgestellt, das menschliche Herz schlägt während einer lebhaften Diskussion schneller als während des Geschlechtsaktes. Das heißt, eine lebhafte Diskussion während des GVs kann tödlich sein.

»Schatz, hast du die Beule in den Kotflügel gefahren?«

»Ja, nein, das war ein Typ, der rückwärts ausgeparkt ist, wie du das auch oft machst, und du hast den Müll wieder nicht runtergebracht!«

»Meine Güte, der Müll wird doch nicht schlecht, soll ich ihn jetzt auf der Stelle runterbringen, oh nein, das ist Jennifer Lopez auf Viva, meine Herren ist das ein Granatenarsch!«

»Sag mal geht's noch, du geilst dich an anderen Weibern auf, während wir uns lieben?«

»Jetzt entspann dich mal, sie weiß es doch nicht, du bist ja wieder empfindlich heute, kriegst du deine Tage?«

»Nein, die sind schon seit zwei Monaten überfällig, und wieso hast du eigentlich Kondome in deiner Manteltasche?

»Ahhhhh, mein Herz...«

Die Bibel

(Aus dem Theaterstück: »Die wollen nur spielen«)

Ist Ihnen mal aufgefallen, dass in der Bibel, speziell im Alten Testament, die kritischen Stimmen fehlen, die es doch gegeben haben muss und die die geschilderten Ereignisse auch lebendiger machen würden. Der Auszug der Israeliten aus Ägypten, Moses führte sein Volk ohne Karte, ohne Navi durch die Wüste, vierzig Jahre lang, und ein Mann fragt ja auch nicht nach dem Weg. Ich kann mir nicht vorstellen, dass da nicht gemeckert wurde.

»Hör mal, Moses, jetzt habe ich aber die Faxen dick, seit neununddreißig Jahren latschen wir durch diese Scheißwüste, ich war zehn, Moses, als wir losgingen, zehn war ich, ich kann den Sand nicht mehr sehen, du hast nämlich keine Peilung, wo wir sind, hier dieser Felsen, der aussieht wie eine Möhre mit zwei Kartoffeln dran, da sind wir nämlich original vor fünf Jahren schon mal dran vorbeigekommen, du führst uns im Kreis rum, du Pannemann, nein Rachel, nix pscht, das muss jetzt mal gesagt werden, stell die Koffer ab, wir gehen nicht weiter, wir machen eine Strandbar auf, mit Beachvolleyballfeld.«

Oder auch: »Abraham?«

»Ja?«

»Geh mit deinem Filius auf den Watzmann und opfere ihn mir.«

»Gute Idee, mach ich doch glatt, der nervt mich schon lange, diese Torfnase.«

»Abraham, bist du bescheuert, das sollte ein Gag sein!«

Ich glaube, das ist eine ganz gute Methode, um Jugendliche

ans Alte Testament heranzuführen, so wie sie's aus dem Fernsehen kennen, als Sitcom, als witzige Dialogkomödie. Die Psychologie nennt das jemanden in seinem Bezugsrahmen abholen. Wir setzen an der Stelle ein, wo Gott versucht, Adam und Eva schonend beizubringen, dass Kain Abel aus dem Verkehr gezogen hat.

Gott: Hört mal, ihr zwei, ich muss mit euch reden,

Adam: Du, Herr, das ist jetzt bisschen schlecht, wir suchen Abel, die Kühe müssen gemolken …

G: Ja, darüber wollte ich ja unter anderem mit euch reden. Wie würdet ihr Kain beschreiben?

A: Du wolltest doch über Abel reden?

G: Der läuft uns nicht weg, also wie würdet ihr Kains Persönlichkeitsprofil schildern?

A: Der Bengel ist ein genetisches Desaster, und da du uns ja erschaffen hast …

G: Ja, ja, nicht wieder die alte Leier. Also Folgendes. Kain war sauer auf Abel und hat überreagiert.

A: Was heißt das, hat er was kaputt gemacht?

G: Ja, Abels Kopf.

A: Dann mach den Kopp gefälligst wieder ganz, wir brauchen Abel hier auf dem Hof, Kain, die faule Sau, spielt sowieso nur den ganzen Tag an sich rum, und alleine schaffen wir das nicht.

G: Das habt ihr euch selbst zuzuschreiben.

A: Zum hundertsten Mal: Wegen eines Apfels schmeißt man ein junges Paar nicht aus dem Paradies, das ist einfach nicht fair, da steckte bestimmt was anderes dahinter. Du hast wahrscheinlich Bodenschätze entdeckt und wolltest uns Ureinwohner raushaben, kennt man ja …

G: Darüber diskutiere ich nicht mehr.

A: Und was machst du denn jetzt mit Kain, wenn du ihn

auch vertreiben willst, kommt er ja praktisch zurück ins Paradies, hehe!

Eva: Adam!

A: Ja was »Adam!« Is' doch wahr, das ist doch alles vorne und hinten nicht durchdacht, ich will dir mal was sagen, Gott, das ganze Ding ist aus dem Ruder gelaufen, was hältst du davon, wenn wir noch mal von vorn anfangen, praktisch bei Adam und Eva? Du machst mir eine Apfelallergie, und schon ist der Käse geschnitten.

G: Sonst noch Wünsche?

A: Ja, Eva könntest du ein bisschen größere Titten machen.

E: Da hätte ich aber bei Adam auch noch ein paar Verbesserungsvorschläge!

G: Jetzt reicht's! Wer glaubt ihr eigentlich, wer ihr seid? Ich muss mir das nicht anhören. Ich gehe jetzt zurück zu meinen Engeln und lasse den lieben Gott einen guten Mann sein. Und die nächsten vier Wochen lass ich es schiffen, damit ihr mal seht, wo der Hammer hängt. Wiedersehen.

E: Das bist wieder typisch du, immer mit dem Kopf durch die Wand, hättest du mich reden lassen, wären wir jetzt wieder im Paradies.

A: Weil ich dich habe reden lassen, sind wir nicht mehr im Paradies, schon vergessen, Dummchen?

E: Lass mich in Ruhe, du Trottel, ich muss jetzt um meinen Sohn weinen.

A: Mach das, ich knöpf' mir Kain vor, dann kannst du um den mitweinen, ist praktisch ein Aufwasch.

E: Und dann?

A: Fangen wir noch mal von vorne an, wir brauchen sowieso noch 'ne Tochter, sonst wird das ja nix mit der Menschheit.

E: Ich hab Kopfschmerzen.

Wird Adam Kain töten, und wenn ja, wie wird Gott reagieren? Erleben Sie nächste Woche die zweite Folge von »Friede auf Erden«. Und nach der Werbung geht es weiter mit: »Drei Zimmer, Küche, Zölibat«.

Bunt balzt's sich besser

Manchmal, wenn man sich gerade wieder mal als Krone der Schöpfung fühlt, reicht eine kleine Information, um einem klarzumachen, wie schlicht gestrickt wir Menschlein doch sind. Männchen einer bestimmten Springspinnenart, Habronattus dossenus, las ich unlängst im Spiegel, werden von den Weibchen erst nach Gesangs- und Tanzdarbietungen mit Sex belohnt. Ein US-Forscher fand heraus, dass die Balzgesänge der Brautwerber aus Kratz- und Schlaggeräuschen, kombiniert mit eher hupenartigen Tönen, bestehen.

Alle schönen Künste haben ihren Ursprung in dem dringenden Wunsch ein Weibchen zur Paarung zu bewegen. Klassische Musik und Ballett, Jazz, Rock und Pop, Hip-Hop, Rap und Breakdance und Graffitis, Goethe, Rembrandt, Beuys, Bushido, die Bohlens, die Beatles wollten im Grunde nur das eine. Dabei kennt die Natur auch Extreme, quasi kontraproduktive Balzrituale, mit letalem Ausgang. Die Erdkröte zum Beispiel pumpt sich auf, um ein Balzquaken zu produzieren. Nun wollen, so war in der SZ zu lesen, Spaziergänger an einem Weiher in Hamburg-Altona beobachtet haben, wie die Amphibien sich aufgeblasen hätten wie Ballons, um dann unter entsetzlichem Gequake zu explodieren. Umweltexperten und Veterinäre stehen vor einem Rätsel. Haben wir es etwa mit einem Beziehungsdrama zu tun, einem Werther auf Erdkrötenbasis sozusagen, oder hipper gesagt: Goethe fucks Kröte? Sind Amphibien zu Gefühlen wie Kummer über Zurückweisung und daraus resultierendem Suizid fähig?

Neben Balz-Over-Performern finden sich im Tierreich aber auch Losertypen, die reinweg nichts können, wie die Pinguine, die dem Schöpfer irgendwie völlig missglückt zu sein scheinen, sie können nicht fliegen, nicht vernünftig laufen, nicht singen, was tun sie, um sich das Weibchen geneigt zu machen? Sie schleppen kleine Steinchen heran, die dem Nestbau dienen könnten, und legen sie dem Weibchen zu Füßen. Auch dazu fällt mir wieder Goethe ein: »Wer immer strebend sich bemüht, den können wir erhören.« Also will auch der Baumarktlöwe, das vielleicht am meisten missverstandene Menschenmännchen, nur geliebt werden mit seinen blöden Basteleien.

Alle Kunst ist Sexwerben, diese These steht in diametralem Gegensatz zu Freuds These: Voraussetzung aller Kultur ist Triebverzicht. Was heißt das überhaupt? Nun, ich lerne meine Triebe zu unterdrücken, sublimiere sie besser gesagt und erhalte als Gegenleistung etwas Höherwertiges.

Ein Beispiel: Ich unterdrücke meinen Wunsch nach aufregendem, abwechslungsreichem Sexleben und erhalte dafür die Ehe. Vielleicht habe ich Freud aber auch falsch verstanden.

Ich werde sehr oft gefragt, warum ich öffentlich bunte Hemden trage. Ich wusste es selber nicht, bis ich kürzlich Folgendes las: Warum sind Fische so bunt? Klar, es hat was mit Sex zu tun. Schrille Farben locken Sexpartner. Vor Bali beobachteten Biologen einen Schwarm Lippfische (!). Plötzlich huschten neonblaue Streifen über die Körper der Männchen. Durch die Lasershow werden die Weibchen in Leidenschaft versetzt. Sie steigen mit den Männchen auf und stoßen einen Schwall Eier aus, die sich mit dem Sperma der Männchen mischen.

Jetzt wissen Sie auch, warum hohe geistliche Würdenträger sich so farbenprächtig gewanden. Frauen finden übrigens durch die Bank tiefe Stimmen erotisch, können angeblich in den Orgasmus geredet werden. Deswegen sollten Sie sich unbedingt die Hörbuchversion dieses Buches zulegen.

Du bist noch blöder als ein Truthahn

Diese Handbücher des nutzlosen Wissens sind gar nicht nutzlos, sie sind Lebenshilfe und regen zum Nachdenken an.

Bienen haben fünf Augen, der Schmetterling hat 12 000 Augen, da kann man aber froh sein, dass die Frau kein Schmetterling ist. »Schatz, brauchst du noch lang im Bad, ich muss mal dringend.« »Bin gleich fertig, nur noch die Augen anmalen!« Oder nur noch schnell die Kontaktlinsen einsetzen, denn Brille geht ja wohl nicht.

Man kann auch froh sein, dass die Frau keine Seidenspringerraupe ist, die hat elf Gehirne. Mindestens eines davon hat ja wohl immer Kopfschmerzen.

Der Zahnarzt hingegen wird bedauern, dass der Mensch keine Schnecke ist, die hat bis zu 25 000 Zähne, alle auf der Zunge.

Statistik will gelernt sein: Die meisten Menschen sterben im Bett, daraus sollte man nicht den Schluss ziehen, das Bett sollte gemieden werden, denn die meisten Menschen entstehen auch im Bett, es ist ein Geben und Nehmen. Statistik ist auch: Die Menschen haben im Durchschnitt weniger als zwei Augen, weil die mit ein oder zwei Glasaugen ja mit in die Statistik eingehen und so den Schnitt drücken.

Statistisch gesehen kommen Todesfälle durch Flugzeugabstürze seltener vor als durch Eselstritte. Nur habe ich seltener mit Eseln zu tun als mit Flugzeugen, es sterben ja auch mehr Menschen durch herabfallende Kokosnüsse als durch Haiangriffe, und an Land ist es noch krasser.

Der alte Glaubenssatz »Alles in der Natur ist sinnvoll« stimmt so sicher nicht. Wenn ich jemandem klarmachen möchte, dass er nicht der spitzeste Pfeil im Köcher ist, wähle ich jetzt immer die Formulierung: Du bist noch blöder als ein Truthahn. Denn: Truthähne starren während schwerer Regenfälle oft in den Himmel und ertrinken.

Igel, wenn sie sich bedrängt fühlen, fauchen. Ob ihnen das was nützt? Wer bedrängt schon Igel? Autos in der Regel. Ich habe einen Igel überfahren. Was waren seine letzten Worte? Fauch.

Männer begehen doppelt so häufig Selbstmord wie Frauen. Eine mögliche Erklärung ist: Frauen können das ja nicht allein, sie rufen bei jedem Problem nach dem Mann: Schatz, kannst du mir mal helfen, ich krieg den Fön nicht an.

Unter Ärzten gibt es doppelt so viel Selbstmorde wie unter ihren Patienten. Das ist schon leichter zu erklären: Die wissen, wie es geht.

Die Verpackung von Cornflakes enthält mehr Nährstoffe als die Cornflakes. Man möchte hinzufügen: Sie schmeckt auch besser und brennt länger, also die ist ihr Geld wirklich wert.

Die Fußball WM 2010 war toll, auch vom Wetter her, und der sportliche Höhepunkt war natürlich das Rekordmatch in Wimbledon. John Isner gegen Nicolas Mahut, hat elf Stunden fünf Minuten gedauert, über drei Tage verteilt. Allein der fünfte Satz acht Stunden elf Minuten, länger als das bisherige längste Spiel aller Zeiten. Eine Frau musste mit hysterischen Lachanfällen weggeführt werden. Da hat man als Zuschauer was zu erzählen. Warst du in Wimbledon? Ja, drei Tage, super, wie viele Spiele hast du gesehen? Eins. Wer hat gespielt? Kennst du sowieso nicht. Und wie ist es ausgegangen? Weiß nicht, der Flieger ging, bevor sie fertig waren. John Isner hat übrigens am nächsten Tag verloren. Also man kann ja davon ausgehen, dass Tennisspielern ihr Sport Spaß macht, aber so lang?

Jeder, der mal an einem Gruppensexmarathon teilgenommen hat, wird mir bestätigen, das sich das irgendwann zieht, man ist müde, alles tut einem weh, die Leute kennt man mittlerweile auch, man denkt, jetzt ein schönes Bier und dann pennen, und dann kommt noch jemand Neues dazu, entschuldigt, ich war Schuhe kaufen, aber jetzt geht die Party richtig los.

Auf Samoa ziehen traditionell die Eltern jeden fünften Sohn als Mädchen auf. Sie heißen Fa'afafine, sind nicht schwul, lassen sich aber von Männern lieben. Was ich immer sage: Alles Gewöhnungssache.

Im alten Ägypten war der Furz eine Gottheit. Meine Theorie, wie das entstanden ist: Da hat einer mal so einen Dreizehn-Sekunden-Heuler über drei Oktaven in den Raum gestellt, und nach ein paar Sekunden alle: »Oh Gott!«

Die Römer und Ägypter hatten Kotgötter, deren besondere Fürsorge den Latrinen und ihren Besuchern galt. Cicero machte sich für die Furzfreiheit stark. Aber schrieb in einem Brief: »Crepitus aeque liberos ac ructus esse opertere«. Sowohl der Furz als auch das Rülpsen müssen in gleicher Weise gestattet sein. Diesen Spruch nehme ich immer als Trinkspruch, übersetze ihn aber immer anders, zum Beispiel mit: Das Lächeln einer Frau entschädigt für einen Dachstuhlbrand. Bisher ist mir noch nie einer draufgekommen. Das sind so die kleinen Freuden eines Altsprachlers. Was haben wir denn sonst groß?

Die Bluthunde der Fleischeslust

Joopi Heesters hatte einen tollen Spruch drauf: Ich bin 107 und immer noch treu. Ich werde oft gefragt, Jürgen, du bist 34 Jahre mit derselben Frau zusammen, wie schaffst du es, treu zu sein?

Ich sehe die Blicke der Frauen, es sind begehrliche Blicke, und ich kann sie verstehen. Sie denken, da stehen diese 95 Kilo virtuelles Marzipan und ich darf nicht reinbeißen, denn er ist vergeben. Ja, mir tut's doch auch leid, aber lasst uns Freunde bleiben. Betrachten Sie mich als ihre platonische Beziehung.

Frauen haben platonische Beziehungen, Männer nicht, Männer haben nur Bekannte, die sie bis zur Stunde noch nicht gepoppt haben. Zack. Aber das ist nur Wunschdenken, Kopfkino, und es geht nicht darum, die sündigen Gedanken wegzukriegen, das ist Quatsch, jeder Mann hat dieselben Gedanken, wenn eine attraktive Frau vorbeikommt, ihr wisst es, Jungs, und die Mädels wissen es auch. Wir sind nicht wie manche Tiere. Schwäne und Wale sind monogam, haben einen Partner ihr Leben lang, Pinguine auch, ein Pinguinmännchen hat sein ganzes Pinguinleben dasselbe Pinguinweibchen.

Wie oft heißt es beim Menschen: Wir passen nicht zusammen, ich bin Wassermann und du bist ein Arschloch, ich verlasse dich. Und dann sagt der Mann: Du hast ja so recht, nimm mich mit! Das gibt's beim Pinguin nicht. Ein Pinguin guckt auf achttausend andere Pinguine, alle sehen mehr oder weniger gleich aus, und sagt: »Da ist mein Schatz, die viertausendste

von links, mit der bleibe ich zusammen, bis der Tod uns scheidet. Das rührt mich zu Tränen. Das Kaiserpinguinmännchen
brütet in einer Bauchfalte übrigens auch die Nachkommen
aus. Gut, das wäre für mich ein Klacks, das mit der Treue ist
schon schwieriger.

Es war Epikur, der eine wichtige Frage in die praktische Phi-
losophie einführte, die Frage: Wie viel Stress handele ich mir
ein, wenn ich meinen geheimen Wünschen nachgebe? Steht
es im Verhältnis zu den fünf Minuten Spaß, dass ich zu Hause
fünf Monate Stress habe, wenn's rauskommt? Nein. Und man
muss die Sache einmal praktisch sehen, wer gebunden ist, hat
nicht nur viel weniger Aufwand, um seine körperlichen Span-
nungen abzubauen, er hat auch viel seltener welche, durch
die Gewöhnung.

Über einen Artikel in der Berliner Zeitung habe ich mich
sehr gefreut: Je länger eine Beziehung dauert, desto mehr verschiebt sich das Verlangen. Erst will der Mann immer, später
ist es genau umgekehrt. Die Frau will Sex, der Mann will ku-
scheln. Das gilt weltweit. Ich war so erleichtert, ich hatte schon
gedacht, das ist nur bei mir so. Ich hatte sogar schon überlegt,
ob das die Altershomosexualität ist, von der alle immer reden.
Wenn ich in letzter Zeit mit meiner Frau zusammen ferngesehen habe, habe ich schon fast darauf gewartet, dass ich Dinge
sage wie: Der Pilawa sieht echt nicht übel aus, Schatz, findest
du nicht? Schade, dass du keinen jüngeren Bruder hast. Da
wär was los bei uns.

Nein, ich denke, es ist so, die Bluthunde der Fleischeslust,
wie ich sie gerne nenne, werden irgendwann alt, liegen nur
noch dösend vor dem Kamin und erwarten ihr Ende. Letztens auf Tournee, ich komme spätnachts vom Auftritt, stehe im
Aufzug, außer mir noch eine attraktive Frau, sagt die plötzlich:
Herr von der Lippe, ich verehre Sie seit vielen Jahren, haben

Sie Lust, mit auf mein Zimmer zu kommen? Ich sage: Ja super, und was hab ich davon? Hab ich natürlich nicht gesagt, ist mir hinterher erst eingefallen. Ich bin natürlich mitgegangen, hab ihr die Minibar leergesoffen und mich verpisst.

Der treue Ehemann oder Partner gewinnt außerdem viel Zeit für jede Menge interessante Hobbys, Lesen, Musikhören, ein Instrument lernen, und wenn ein Kumpel, der noch oder wieder Single ist, kommt und von aufregenden Nächten mit Mädels aus der Tabledanceszene erzählt, sagt man, na gut, du hast dir jetzt vierzehn Nächte mit diesen Flittchen um die Ohren geschlagen, in der Zeit habe ich das Schloss Bellevue aus Streichhölzern gebaut.

Und noch etwas: Frauen kriegen jeden Seitensprung raus. Sie sind zu klug für uns. Dieser hochklassige Witz mag allen eine Warnung sein:

Ein Mann rief seine Ehefrau zu Hause an und sagte: »Darling, ich wurde am Arbeitsplatz angesprochen, mit meinem Boss und einigen anderen Freunden zum Fischen und Angeln nach Kanada mitzufahren. Wir werden circa eine Woche fahren. Es ist eine gute Gelegenheit für mich, um mal leise wegen einer Beförderung bei meinem Boss anzuklopfen, auf die ich nun schon so lange warte. Würdest du mir bitte genügend Sachen für eine Woche zusammenpacken sowie auch meine Angelbox und die Ruten dafür? Wir werden direkt vom Büro abreisen, und ich komme kurz ins Haus, um meine Sachen einzuladen. Ach ja, und bitte pack auch meinen neuen blauen Seidenpyjama mit ein …«

Seine Frau denkt, das hört sich ein wenig komisch an, aber da sie eine sehr gute Ehefrau ist, folgt sie dem Wunsch ihres Ehemannes.

Am folgenden Wochenende kommt der Ehemann wieder nach Hause, er sieht zwar nach der langen Fahrt etwas müde aus, aber ansonsten gut erholt. Die Ehefrau begrüßt ihn überschwänglich und fragt ihn, ob sie einen guten Fischfang hatten und er auch Fische gefangen hat?

Er antwortet: »O ja, natürlich, Lachse, blaue Karpfen, einige Schwertfische … aber warum hast du mir meinen blauen Seidenpyjama nicht eingepackt, worum ich gebeten hatte?«

In diesem Moment wusste die Frau, dass ihr Mann sie belogen hatte und nicht mit dem Chef angeln war, sondern sich mit einer Geliebten amüsiert hatte.

Denn sie sagte – was?

»Den hab ich dir doch in die Angelbox gepackt.«

Ein blöder Arsch

(Sollten Sie die Geschichte im kleinen Kreis vortragen, können Sie die Zeile »Du blöder Arsch« mitsprechen lassen.

Eines der größten Missverständnisse, die sich um Komiker ranken, ist, dass nichts ihre strahlende Laune trüben kann. Völliger Unsinn. Ein Beispiel: Ich nächtige im Hotel, habe das Schild mit »Bitte nicht stören« außen an die Zimmertür gehängt, ein Witzbold hat es nachts umgedreht, jetzt steht da »Bitte Zimmer sauber machen«. Um sieben steht die Dame des Reinigungspersonals an meinem Bett. Hallo, soll ich Bett machen?

Ungern, ich liege noch drin, haben Sie das Schild nicht gesehen?

Hab ich gesehen, deswegen ich komme.

Unsere Konversation wird vom Zimmerkellner unterbrochen.

Wo soll ich das Frühstück hinstellen?

Ich hatte kein Frühstück bestellt.

Doch hast du. Um drei Uhr hing der Frühstücksbestellzettel an deiner Tür.

Frühstück für zwei mit allem.

Ich bin allein, was soll das?

Vielleicht musste die junge Dame früh zur Arbeit, oder zur Schule, oder der junge Herr.

Hören Sie, da hat jemand einen Scherz gemacht, nehmen Sie ihr Frühstück und gehen Sie!

Soll ich Bett machen?

Nein, machen Sie, dass sie rauskommen.

Und die beiden denken: Du blöder Arsch!

Dieser Tag ist für jetzt schon gelaufen, ich gehe in den Fitnessraum des Hotels, um den Körper dazu zu bringen, ein paar Endorphine, körpereigene Opiate, Glücksbotenstoffe auszuschütten, zur Stimmungsaufhellung. Bei dem Versuch, das elektronische Laufband in Gang zu setzen, unterschätze ich die Geschwindigkeit, komme ins Straucheln und stürze neben das Gerät, alles lacht, eine Stimme ruft: einmal Komiker, immer Komiker.

Und ich denke: Du blöder Arsch!

Später gehe ich in einen Supermarkt, um ein paar Dinge des täglichen Bedarfs zu kaufen, Zahnpasta, Shampoo, drei Flaschen Wein. Ein Rentnerpaar entdeckt mich. Was höre ich: Hilde, lurens, dat is doch der Dingens, der Dicke vom RTL, wie heescht de noch, isch komm doch net op der Name, he sag mal, wie heißt du noch?

Dabei verkrallt sich der rüstige Greis in meiner Schulter, ich kann mich nur lösen durch einen Ellbogencheck, der ihn ins Gewürzregal wirft, mir bleibt nur die Flucht. Ich höre noch, wie die alte Dame mir nachruft: Du blöder Arsch! Nächster Supermarkt. Eine ältere Dame nähert sich unsicher lächelnd. Ich beschließe, unter allen Umständen freundlich zu bleiben. Entschuldigung: Sind Sie's?

Ja. Nein, das glaub ich nicht. Wieso nicht? Sie sind viel dicker als im Fernsehen. Nein, ich habe sie nicht ins Gewürzregal gestoßen, erreiche mit Mühe und Not meinen Flieger, nach Hamburg, wo ich Gast in einer Talkshow bin. Der Flieger hat Verspätung, panisch stehe ich schon im Gang, während wir noch rollen. Eine sehr hochfrequente Stimme ruft. Bitte setzten sie sich sofort wieder hin, bis wir unsere endgültige Parkposition erreicht haben. Alle Blicke ruhen auf mir. Ich muss jetzt etwas Witziges sagen.

Ich sage: Was ist, wenn ich stehen bleibe, kann dann der Käpt'n im Rückspiegel nicht sehen, ob ihn einer überholt?

Was sagt ihr Blick? Du blöder Arsch!

Keiner lacht. Ich setze mich, meine Körpertemperatur geht gegen Siedepunkt. Vielleicht hätte ich sagen sollen: Was hält eine Nymphomanin von einem Alkoholiker fern? Eine Cockpittür. Egal, zu spät.

Zu spät komme ich auch zur Talkshow. Jemand fragt hektisch: Was wollen Sie trinken?

Zwei Finger hoch Scotch mit Leitungswasser ohne Eis.

Ham wir nicht.

Sie haben kein Leitungswasser?

Nein, keinen Scotch.

Warum fragen Sie dann?

Ich weiß, wenn man das so hört, könnte man mich für ein blödes, arrogantes Arschloch halten, aber so ist es nicht. Ich bin ein normaler Mensch, der den ganzen Tag nur Scheiße erlebt hat.

Ich war nicht besonders konstruktiv an diesem Abend. Der Gastgeber fragte:

Jürgen, Sie sind ja nicht mehr der Jüngste, wie schaffen Sie es, sich so ein ganzes Bühnenprogramm zu merken?

Na ja, ab und zu vergesse ich mal meinen Text, das ist natürlich peinlich vor 2000 Leuten, ist ungefähr so, wie wenn man Sex mit seinem Partner hat, und es fällt einem partout niemand ein, den man sich dabei vorstellen kann.

Und dann sagte der Moderator: Ich höre gerade: Wir haben Ihre Frau am Telefon, sie möchte Ihnen etwas sagen. Und was sagte sie?

Du blöder Arsch!

Miesmach-Meister

Spielen Sie mal einen Abend lang beim Essen mit Freunden oder in einer Kneipe den Advocatus Diaboli, den Miesmacher. Einfach um zu testen, ob Sie die Kraft haben auszuhalten, dass alle Sie hassen!

Wenn Sie jemanden treffen, dessen Name Ihnen nicht einfällt, den Sie aber nicht besonders mögen, können Sie sagen: »Mensch, dein Name ist mir entfallen. Bis gestern hätte ich gedacht, oh, oh, ist es so weit? Alzheimer? Und gestern lese ich: Die Uni Konstanz hat herausgefunden, das ist ein bewusster und selbstreinigender Akt des Gehirns, das unwichtige Informationen ausblendet, um sie durch neue ersetzen zu können, ist das nicht toll?«

Frauen lieben starke Männer, die ein wenig Feindseligkeit ausstrahlen. Also wenn Komplimente, dann mit einer Dosis Gift! Wenn Sie einer Frau mit einem aufreizenden Dekolleté begegnen, sagen Sie: »Ich weiß nicht, warum mir gerade jetzt dieses nigerianische Sprichwort einfällt: Zwei Stücke Fleisch verwirren die Fliege.«

Und hier noch jede Menge Partymunition:

»Sieht die Judith Rakers nicht hinreißend aus?«

»Schon, aber für ihren Job ist das kontraproduktiv. Sexy Look lenkt, wie man herausgefunden hat, von den Nachrichten ab. Männer können anschließend viel über das Aussehen von Judith Rakers sagen, aber wenig über die Nachrichten.«

»Schmecken dir die Brote?«

»Es geht.«

»Schön, dabei war der Aufschnitt gar nicht teuer!«

»Unsinn, du wirst überall beschissen, ohne dass du es merkst, eine Verkäuferin an der Fleischtheke in England hat immer unbemerkt ihren Busen auf die Waage gelegt und einen Teil ihrer Titten mitgewogen. Und keiner hat sich getraut genauer hinzugucken, dann hätte es geheißen: ›Starren Sie mir etwa auf den Busen?‹«

»Bei mir kündigt sich eine Erkältung an, ich werde mir gleich zu Hause einen Zitronensaft heiß machen und trinken.«

»Quatsch, erhitzen zerstört die Vitamine. Und Zitronen kannst Du auch vergessen: Die Acerolakirsche enthält dreißig Mal so viel Vitamin C.«

»Ich mache jetzt Hirnjogging, ich rechne zum Beispiel den Wert eines Wortes anhand der Position seiner Buchstaben im Alphabet aus. Malkasten hat zum Beispiel den Wert 75. Wusstest du das?«

»Nein, ich weiß nur, dass Hirnjogging Spätfolgen hat: Die Demenz kommt später, dann aber heftiger.«

»42,4 Prozent der Deutschen essen an Heiligabend Würstchen, nur 5,2 Prozent Meeresfrüchte.«

»Am Nordpol sieht es anders aus. Was riecht hier so Scheiße?«

»Das ist mein Kölnisch Wasser, das nehme ich nur«.

»Verstehe. Kölnisch Wasser wurde ursprünglich als Mittel gegen die Pest erfunden. Erstaunlich, dass es erfolglos war, so wie es stinkt, also wenn ich ein Pestbazillus wäre, würde ich die Beine in die Hand nehmen.«

»Huch, ich glaube, ich muss niesen!«

»Würde ich nicht machen, wenn du zu fest niest, kannst du dir, wenn's dumm läuft, eine Rippe brechen. Andererseits: Wenn du versuchst das Niesen zu unterdrücken, könnte ein Blutgefäß im Kopf oder Hals reißen, und das wär's dann. Ach ja, wenn du versuchst, während des Niesens die Augen offen zu halten, kann es passieren, dass sie rausgedrückt werden.«

»Ich bin müde, gehst du mit schlafen?«

»Nee, kein Bock, ist doch eklig.«

»Wieso?«

»Wusstest du nicht, dass du in deinem ganzen Leben, während du schläfst, ungefähr 70 Insekten und 10 Spinnen essen wirst?«

»Wie geht's?«

»Wunderbar, bin gerade operiert worden?«

»Und wie ist es gelaufen?«

»Toll, wir haben viel gelacht.«

»Häh?«

»Verstehe, Sie kriegen Ironie nicht mit. Dann liegt bei Ihnen möglicherweise eine Schädigung des Präfrontallappens vor. Sollte auch noch das ventromediale Areal betroffen sein, raffen sie gar nichts mehr. Der präfrontale Cortex ist dafür zuständig, den emotionalen Gehalt sprachlicher Äußerungen zu erfassen. Im ventromedialen Areal wird das soziale Verhalten von Individuen erfasst und verarbeitet. Bei einer Schädigung lassen sich Widersprüche einer Geschichte nicht auflösen.«

»Soll ich dir einen blasen?«

»Oralsex kann Krebs verursachen. Auslöser: der Papillomavirus, der das Krebswachstum fördert. Genauso ist es doch bei Michael Douglas gelaufen.«

»Ja und seine Frau hat jetzt eine Depression.«

»Das ist ja wohl das Wenigste, was ich von der Person verlange, die mir den Krebs an den Hals gehängt hat.«

»Weißt du was, leck mich am Arsch!«

»Gern, in der Mundhöhle befinden sich wesentlich mehr Bakterien als am Darmausgang, die Aufforderung: Küss mich, wäre also medizinisch gesehen bedenklicher!«

Glück geht immer

Warum nimmt jemand Drogen? Ich denke, weil er nicht oft genug Glück empfindet. Seiner Meinung nach. Weil ihm niemand gesagt hat, dass Glück nun mal kein Dauerzustand sein kann, es sind immer nur kurze Perioden, davor und danach ist man nicht so glücklich, sonst würde man das Glück auch gar nicht bemerken. Das Glück gleicht dem Balle, er steigt nur zum Falle. Aber er steigt eben auch wieder, irgendwann. Der nächste Glücksmoment kommt bestimmt, wir müssen nur verdammt noch mal darauf warten. Es kann ein Stück Ritter-Sport-Trauben-Nussschokolade sein, das wir uns während einer harten Diät gönnen. Ein Stück! Und danach erst mal keins mehr. Oder vielleicht noch drei, aber dann ist Schluss! Dann vielleicht ein schönes Glas Rotwein oder einen Brandy, oder endlich ein Rastplatz auf der Autobahn, nachdem man schon seit zwanzig Minuten meint, die Blase platzt einem. Oder es klingelt seit einer Stunde ein Vierpfünder am Schließmuskel Sturm. Und anschließend denkt man, die Hose ist einem plötzlich zu groß. Das ist Glück.

Oder ein Zehn-Sekunden-Orgasmus und dann die Zigarette danach.

Das gibt's ja kaum noch. Hier Hand hoch, bei wem darf noch im Schlafzimmer geraucht werden? Sehen Sie, bei mir auch nicht. Meine Frau muss auch raus auf den Balkon.

Ich möchte Ihnen im Folgenden die Möglichkeit eröffnen, die Anzahl ihrer Glücksmomente zu steigern. Kaum etwas hebt die Laune mehr, als wenn man Geld spart. Gehen

Sie zu einem Pizza-Lieferservice, bestellen Sie von draußen per Handy eine Pizza zu sich nach Hause, und wenn der Fahrer rauskommt, fragen Sie, ob er Sie mitnimmt. Und wenn er nicht will, sagen Sie: Dann wird das wohl eine Fehlfahrt, ist ja schließlich keiner zu Hause. Das hebt die Laune noch mal. Viele seriöse Studien sagen übereinstimmend: Der mäßige Trinker hat die höchste Lebenserwartung, der exzessive Trinker hat immer noch eine höhere als der Antialkoholiker. Klingt zunächst komisch, ist aber einleuchtend: Warum soll der Abstinenzler alt werden, hat doch eh keinen Spaß, die arme Sau.

Worüber man sich nicht einig ist: Was ist mäßiger Genuss? Die Angaben schwanken zwischen einem und fünf Gläsern. Europaweit! Die höchste Menge, nämlich siebzig Gramm reinen Alkohol, gestehen die Ärzte in Barcelona einem zu, und zwar Männern und Frauen. Viva España! McDonalds oder Burger King werden oft kritisiert, ich gehe nach wie vor gerne hin, nicht, weil es so toll schmeckt, sondern weil da jede Menge Leute rumlaufen, die zwanzig Kilo mehr wiegen als ich.

Die Wissenschaft weiß jetzt, warum Männer nach dem Sex einschlafen. Es ist nicht, weil uns die körperliche Anstrengung so fertigmacht, nein, unser Blutzuckerspiegel fällt nach vollzogenem Akt dramatisch ab. Ich habe vor Freude geweint, als ich das las, jetzt kann meine Frau mir ja schlecht das allabendliche Nutellabrot vor dem Ins-Bett-Gehen verbieten.

Und sollten Sie mal mit dieser Technik keinen Erfolg haben, das heißt es will und will sich kein Glücksgefühl einstellen, dann gibt es eine totsichere Methode: Versauen Sie so vielen anderen, wie Sie können, den Tag. Das hilft immer.

Gehen Sie morgens in eine Bäckerei, die Bäckereifachverkäuferin strahlt sie an und sagt: »Ist das nicht ein schöner Tag?«

»Ja, draußen vielleicht, aber ich stehe hier drin und werde

zugetextet, geben Sie mir drei Brötchen, sobald Ihr Mitteilungsdrang gestillt ist.«

Dann wackeln Sie raus mit ihrer Tüte und sehen eine Politesse, wie sie gerade ein Knöllchen schreibt. Sie halten ihr die Tüte hin und sagen: »Ich habe nur eben Brötchen geholt.«

Sie schreibt weiter.

So, jetzt geht's los: »Würde mir ganz schön stinken, als Frau mein Geld auf der Straße verdienen zu müssen.«

Das kennt die schon, sie schreibt weiter.

»Diese Uniform steht Ihnen überhaupt nicht, sind Sie gar nicht der Typ für. Sie könnte ich mir gut in etwas Langem, Fließendem vorstellen, Alster, Rhein Donau …«

Sie schreibt noch, hat aber schon einen leichten Tremor …

»Jetzt mal ernsthaft, Sie kommen mir irgendwie bekannt vor, haben Sie mal in einem Tierporno mitgemacht?«

Sie läuft schluchzend weg, Sie gehen auch weiter, ist ja nicht Ihr Auto.

Schauen Sie nun bei einer Gaststätte vorbei und begrüßen jeden Gast individuell: »Na, noch mal schön spachteln, bevor es in den Knast geht?«

Wenn Sie einen finden, der richtig dick ist, Kaliber Calli, können Sie sagen: »Heute lernen wir einen neuen Satz: Ich bin satt.«

Vielleicht hat der Mann ja auch eine dicke Frau dabei mit stattlicher Oberweite, dann können Sie sagen: »Uiuiuiui, wir haben als Kind aber viel Brusttee getrunken, oder? Sie haben doch bestimmt ganz kleine Füße?«

»Wieso das denn?«

»Na im Schatten wächst doch alles schlechter!«

Gut sind auch kahlköpfige Mitbürger. Da kann man Folgendes machen: »Test, test, one, two!«

Wenn Sie alle durchhaben, wieder raus in die Fußgängerzone, und da ist es dann toll, wenn Sie zwei Glatzen sehen, die zusammenstehen, denen rufen Sie aus sicherer Entfernung, von der anderen Straßenseite aus zu: »Hey Jungs, nicht die Köpfe zusammenstecken, sieht aus wie ein Arsch.«

Dann springen Sie rasch in ein Taxi und lassen sich in einem vornehmen Restaurant absetzen. Bestellen Sie und kommentieren Sie dann lautstark die gereichten Speisen.

Bei Fisch ist der alte Klassiker immer wieder gut: »Vom Geruch her würd man meinen, er ist größer.«

Das kann man auch bei anderen Gelegenheiten brauchen.

Dann, so auf Höhe des Desserts, stehen Sie auf, können auch mit dem Messer ans Glas klopfen und rufen: »So, liebe Freunde der Tanzmusik und des Breitensports, jetzt geht der Onkel erst mal schön kacken.«

Ich sage Ihnen, da geht aber ein Ruck durch den Fresstempel, da wird man noch minutenlang von Ihnen schwärmen.

Wenn Sie zurückkommen, nehmen Sie den Faden wieder auf!

Sagen Sie: »Booooh, ich habe ja schon viel erlebt, aber da hat's selbst mir die Netzhaut weggebrannt. Meine Fresse, der Donnerbalken ist aber noch auf Jahre verstrahlt, aber keine Sorge, Jungs, ich war auf Damen!«

Hitler hasste Zoten

Kann man über alles Witze machen?

Selbstverständlich.

Es gibt Menschen, die haben eine ausgesprochen schlechte Presse. Terroristen zum Beispiel. Da beschränkt sich die Berichterstattung immer nur auf die negativen Seiten. Sie werden nie in der »Bild« lesen: »Ahmed Sowieso hat sich in einem Café in Bagdad in die Luft gesprengt. Sonst wurde niemand verletzt, das Café war seit Längerem geschlossen. Ahmed S. war 24, ledig, Tankwart, seine Hobbys waren Squash, Batiken und Süßspeisen. Dazu Laila B., eine Bekannte: ›Für Ahmeds Bakhlava könnte ich sterben‹«.

Das werden Sie nie lesen. Ich meine, selbst bei Adolf Hitler finden sich irgendwelche Leute, die nach menschlichen Zügen suchen, man weiß zum Beispiel, er mochte keine Zoten, das ist für mich natürlich toll, wenn einer sagt, sie sind mir zu zotig, ich mag keine Zoten, dann sage ich: Mochte Hitler auch nicht, das macht Sie also nicht automatisch zum besseren Menschen.

Dann guckt er erst mal blöd.

Terroristen sind fehlgeleitete religiöse Fanatiker, gutgläubig und naiv. Sie glauben, dass sie für ihre Aktion ins Paradies kommen und zwischen 66 und 77 – die Angaben schwanken je nach Koranausgabe – Jungfrauen, abgestellt zu ihrer persönlichen Erbauung, vorfinden. Nun ist das mit den Jungfrauen vermutlich ein Übersetzungsfehler, alte heilige Schriften wimmeln von solchen Patzern.

Nehmen wir die Bibel, die berühmte Stelle: »Eher geht ein Kamel durch ein Nadelöhr, als dass ein Reicher ins Himmelreich eingeht.«

»Kamelos« ist griechisch und heißt nicht Kamel, sondern Schiffstau, dann kriegt die Stelle auch mehr Sinn, aber egal, ob 66 Jungfrauen oder nur zwei, was will Mann denn damit? Wir reden hier vom Paradies, da will ich hören: »Baby entspann dich, ich mach's dir so, dass dir die Nüsse wegfliegen«, und nicht: »Geh weg mit diesem Unding, das tut bestimmt weh« …

Jungfrauen können eine schwere Bürde sein. Nehmen Sie den König von Tonga. Eine seiner Amtspflichten war, alle Jungfrauen seines Herrschaftsgebiets zu deflorieren. Noch im hohen Alter musste er dies etwa achtmal die Woche machen. Da hat man doch auch sofort eine Comedy-Szene im Kopf.

»Majestät, Majestät!«

»Huh, was ist, war ich eingeschlafen? Was willst du?«

»Majestät, im Defloratorium wartet Familie Osambesi mit ihrer Tochter, sie möchte entjungfert werden.«

»Oh bitte nicht! Wann war das letzte Mal?«

»Gestern, Majestät.«

»Wie lange haben wir es versucht?«

»Zwei Stunden Majestät.«

»Und hat es geklappt?«

»Nein Majestät, wir haben wie in letzter Zeit öfter die Eltern rausgeschickt, und ich habe versucht, Majestät würdig zu vertreten.«

»Können wir das heute auch so machen?«

»Wie Majestät wünschen.«

»Aber schick die Eltern bitte gleich raus, ich habe einfach keinen Bock darauf, dass ein völlig unbedarftes Mädchen versucht, einem Neunzigjährigen eine Erektion zu verschaffen.

Welcher Idiot hat sich nur dieses bescheuerte Gesetz einfallen lassen?«

Die Wahrscheinlichkeit, einem Terroranschlag zum Opfer zu fallen, ist übrigens 1 zu 200000, etwa so hoch wie die Wahrscheinlichkeit, einem Meteoriteneinschlag zum Opfer zu fallen. Und jetzt kommt's: 2029 kann das ganz konkret werden, da knallt's nämlich, da geht voraussichtlich die Welt unter, oder wenigstens weite Teile. Nach aktuellen Daten wird dann ein riesiger Asteroid, Durchmesser vierhundert Meter, in 30000 Kilometer Entfernung an der Erde vorbeifliegen, die Bahn kann sich aber durch Anziehung und Wärme jederzeit verändern. Relativ zeitnah, sagen die Wissenschaftler, muss er durch gezielte Schüsse umgelenkt werden, sonst wird's eng. Was heißt das für die Menschheit?

In 23 Jahren bin ich 85, also seit fünf Jahren in Rente, denn das Renteneinstiegsalter wird bei 80 liegen, der Sprit kostet 30 Euro der Liter, in der Tagesschau wird man Bilder von einem Banküberfall sehen, ein Streifenwagen verfolgt den Fluchtwagen, beide Fahrzeuge werden geschoben. »Bild«-Meldung vom 1.5.2035: »Der Vergnügungspark ›Funworld‹ auf dem Areal des ursprünglich geplanten Berliner Flughafens hat mit fünfjähriger Verspätung seine Tore geöffnet. Dazu die Schirmherren: Fünf Jahre, das ist doch gar nichts!«

Ich finde Pferde doof

Können Sie sich noch erinnern, welche Berufswünsche Sie als Kind hatten? Ich wollte Schneider werden, habe meinen Freundinnen Puppenmützchen gehäkelt, das hatte zu der Zeit aber noch keinen erotischen Hintergrund.

Erika, gleichaltrig, also drei Jahre weiter, wollte mit mir Doktor spielen. Mein erster Impuls war, ihr ein Bein zu amputieren.

Dann wollte ich Förster werden, und mal ganz kurz Priester, das klingt nur seltsam, tatsächlich haben Komiker und Priester viel gemeinsam, wir möchten die ungeteilte Aufmerksamkeit und das Geld unseres Publikums. Tatsächlich sind aber kindliche Berufswünsche nicht Ergebnis gründlicher Recherche, sondern romantisierender realitätsferner Träumereien. Ich habe auf der Kirmes immer sehnsuchtsvoll vor dem Schild »Junger Mann zum Mitreisen gesucht« gestanden. Ich hatte doch keinen Schimmer, dass das Arbeit bedeutet. Für mich hieß das, bei den hübschesten Mädchen hinten auf den Autoscooter springen und auf dicke Hose machen.

Viele Mädchen lieben Pferde. Für Mädchen zwischen 8 und 12 rangiert das Pferd in der Beziehungshierarchie gleich hinter der Mutter, aber weit vor dem Vater. Wieder ein Grund mehr, sich Vaterschaft gut zu überlegen. Und jetzt kommt's noch dicker: Zwei Drittel der britischen Reiterinnen sind lieber mit ihrem Pferd zusammen als mit ihrem Mann. Darüber darf man gar nicht nachdenken.

Ich finde Pferde doof. Die lassen einfach alles mit sich machen. Nehmen Menschen huckepack und springen auch noch mit ihnen über Hindernisse. Oder laufen Rennen. Was das Pferd aber sicher nicht weiß; wenn es unterwegs stürzt und sich ein Bein bricht, wird es erlöst, wie es euphemisierend heißt, dann war's das. Ich glaube, wenn ihnen das klar wäre, hätten sich Pferderennen schnell erledigt: »Langsam Jungs, keine Eile, ob ich gewinne oder dritter werde, ist nicht so wichtig, die Gesundheit geht vor.«

Ich las letztens vom Doping beim Pferderennen. Wie äußert sich das, wenn Pferde high sind, kriegen sie Lust auf Schokolade, wollen sie Pink Floyd hören?

Ich finde Pferde auch hässlich. Ich glaube, das Pferd ist Gott misslungen, so einfach. Als er es sah, hat er wahrscheinlich gesagt: »Mein Gott, sieht das scheiße aus, ist wohl nicht mein Tag heute.«

Viele Mädchen vergöttern sie aber und wollen auch Tierärztin werden, träumen davon, Kaninchen die Blähungen wegzustreicheln oder mal ein gebrochenes Katzenbein zu schienen, aber die Realität eines Veterinärmediziners kann auch anders aussehen. Das muss man den Kindern auch ehrlich sagen. Letztens im ICE, es war voll, ich saß am Vierertisch mit einer Mutter mit zwei Kindern, ein Mädchen, ein Junge, das Mädchen hatte gerade Erstkommunion gehabt, ich hab dann gefragt: »Was möchtest du mal werden?«

»Tierärztin.« Sie lispelte natürlich.

»Das kann aber auch ganz schön unangenehm sein. Ich habe vor Kurzem eine BBC-Dokumentation über ein weltweit operierendes Ärzteteam gesehen, das Männchen gefährdeter Arten Samen entnimmt und damit viele Kilometer entfernt ein Weibchen befruchtet. Im Falle eines Elefanten wird der Bulle durch den Mastdarm an der Prostata stimuliert, das kennen Männer von der guten alten Hafenrundfahrt. Zwei Unterschiede, auf die ich Wert lege: Es stimuliert mich nicht, in keinster Weise! Und jetzt die gute Nachricht: Der Arzt steckt nicht bis zur Schulter in meinem Hintern wie bei dem Elefanten. Die Stimulation des Gliedes empfiehlt sich, hieß es in dem Film, nicht, weil wir hier von einem 1,50-Teil reden, mit dem der Elefant um sich schlägt und auch schon mal den einen oder anderen Mediziner von den Beinen geholt hat. Das Ganze wird dann mit einem mit Plastik ausgekleideten Schmetterlingsnetz aufgefangen und tiefgefroren.«

Die Familie hat sich dann überstürzt in den Speisewagen abgesetzt. Und das war ja auch der Sinn der Übung.

Jägerlatein

Soziolekte sind Sprachen, die sich innerhalb von Gruppen he-
rausbilden, oft Berufsgruppen. Sie sollen Exklusivität herstel-
len, Nicht-Gruppenmitglieder von der Kommunikation aus-
schließen.

Nehmen wir die Jägersprache: Da finden sich viele Paralle-
len zum klerikalen Sprachgebrauch. Der Mönch zum Beispiel
ist ein geweihloser Hirsch, die Kanzel der Hochsitz, Orgeln ist
das anhaltende Schreien des Rothirsches in der Brunft.

Wenn ein Jäger sagt: Ich wurde beim Abbaumen von einem
Schmalzmann angenommen, er hat dann aber nur meinen
Aser beschlagen, meint er: Beim Verlassen des Hochsitzes griff
mich ein Dachs an, hat sich dann aber nur an meinem Rucksack verlustiert.

Natürlich gibt es auch Jägerwitze: Treffen sich zwei Jäger.
Beide tot.

Man lacht, aber es gibt eben immer wieder Jagdunfälle mit
Kollateralschäden, wie es im Militärjargon so schön heißt. Eine
schwedische Jägerin schoss auf einen Elch und traf das Tier
so, dass die Kugel ihre Richtung änderte, wieder austrat und
einen 50 Meter weiter fahrenden Skiläufer in die Brust traf. Er
war sofort tot. Auch der Elch starb. Die Jägerin wurde freige-
sprochen. Wahrscheinlich war der Richter auch Jäger und hat
gedacht: Respekt, über Bande geschossen, nicht schlecht für
'ne Frau.

Und das kann bei uns auch passieren, nach den Wölfen werden jetzt im Brandenburgischen die Elche wieder heimisch.

Einen Problembär hatten wir ja im Süden auch schon, wir erinnern uns noch gern an Stoiber in dem Zusammenhang. Und wenn das einreißt, brauchen wir auf eine Meldung wie die aus Amerika nicht lange zu warten: Bärenjäger erschießt Wanderin. Eine Frau (54) war mit einer Freundin im Wald wandern. Zur selben Zeit befand sich dort eine Gruppe von Bärenjägern. Einer der Jäger glaubte, die Frau sei ein Bär und schoss auf sie. Die Wanderin war auf der Stelle tot. Furchtbar.

Gut, wenn der Mann wirklich dachte, es sei ein Bär, muss die Frau aber auch ungewöhnlich ausgesehen haben, man könnte Otti Fischer mit viel Fantasie für einen Bären halten, oder Calli Calmund, aber bei den Frauen …

Alice Schwarzer könnte man verwechseln, weil die immer so unförmige Säcke trägt, aber auch nicht beim Wandern. Wirklich merkwürdig.

Also ich versuche mir einfach mal, die Szene realistisch vorzustellen. Wir haben drei Jäger, und einer sagt: »Guck mal da, da sind zwei Bären.«

»Nein, das sind zwei Frauen.«

»Quatsch, was sollen denn zwei Frauen hier im Bärenrevier? Also zumindest eine ist ein Bär.«

»Bist du sicher?«

»Ziemlich.«

»Und der läuft zusammen mit 'ner Frau durch den Wald?«

»Ja, ungewöhnlich, den knall ich ab, bevor er ihr was tut.«

»Und wenn du die Frau triffst?«

»Selbst schuld, was rennt sie auch mit 'nem Bären durch den Wald.«

»Guck mal, die kommen auf uns zu, und die Frau winkt.«

»Wieso Frau? Der Bär winkt.«

In diesem Moment sagt der dritte Jäger: »Leute, ich sag nur eins, Bären mit Nordic-Walking-Stöcken habe ich noch nicht gesehen. Ich hasse Nordic-Walking. Meine geschiedene Frau macht das auch, ich darf gar nicht dran denken, die eine hat sogar ein bisschen Ähnlichkeit mit ihr.«

»Welche, der Bär oder die andere?«

»Na die rechte, du Depp. 2000 Mäuse drück ich jeden Monat ab, dabei hat sie schon längst 'nen Neuen.«

»Ich will ja nichts sagen, aber den hat sie schon immer gehabt.«

»Bitte?«

»Na sag mal, wie blind kann man denn sein, um das nicht zu merken, alle haben das gewusst, nur du nicht.«

Und dann hat der Jäger wohl die Nerven verloren.

Lassen Sie mich versöhnlich schließen mit einem anderen Jägerwitz, in dem Eifersucht auch eine Rolle spielt: Ein Jäger kommt nach Hause und findet seine Frau mit dem Dorfarzt im Bett.

Der Jäger legt sofort an und sagt: »Was geht hier vor?«

Der Arzt sagt: »Es ist nicht das, wonach es aussieht, ich messe nur Fieber bei ihrer Frau.«

Sagt der Jäger: »Langsam rausziehen. Und wehe es sind keine Zahlen drauf.«

Kann ich bei Ihnen duschen?

Einer der vielen Zeitungsartikel, die ich für Gelegenheiten wie diese aufhebe, berichtet Folgendes: In Münster klingelt es bei einem 26-jährigen Münsteraner am späten Abend. Vor der Tür steht ein nackter Unbekannter, sucht ohne Umschweife das Badezimmer des Wohnungsinhabers auf und duscht, anschließend nimmt er sich diverse herumliegende Kleidungsstücke, zieht sie an und geht im Garten rauchen, bis die Polizei kommt. Auf der Wache gibt er an, in Australien zu leben, in Münster zu Besuch zu sein und sich an nichts erinnern zu können. Neben der Frage, woher er das dann alles weiß, stellt sich auch diese: Wie hätte man selber reagiert? Wieso hat der 26-jährige Münsteraner den nackten Unbekannten überhaupt hereingelassen? Einem nackten Bekannten, sei es Freund, Trauzeuge oder Bewährungshelfer, würde man die Blöße wahrscheinlich nachsehen, ihn hereinbitten und aushelfen. Der nackte Unbekannte hingegen würde mein Wohlwollen nur bei entsprechender sexueller Ausrichtung wecken.

Ich öffne also die Tür, sehe einen nackten Mann und höre ihn sagen: »Abend, kann ich mal bei Ihnen duschen?«

An einem normalen Tag würde ich sagen: »Nein, ich habe einen Münzautomaten in der Dusche, und Sie haben ja wohl kein Kleingeld dabei«, und die Tür zuschlagen.

An einem besseren Tag würde ich rufen: »Ihhh, was haben Sie denn da?«, dabei auf seine Intimzone zeigen, warten, bis er runterguckt, was 99 Prozent aller Männer tun würden, und dann mit einem »Ätsch« die Tür zuschlagen.

Welche Gründe könnte es dafür geben, dass ich ihn doch einlasse? Möglicherweise ist die Person hilflos, sitzt vielleicht im Rollstuhl. Es klingelt also, ich öffne, sehe einen Nackten im Rollstuhl und höre ihn sagen: »Guten Abend, darf ich mal bei Ihnen duschen?«

Dann sage ich: »Tut mir leid, meine Dusche ist nicht behindertengerecht, angenehme Weiterfahrt.« Andere Möglichkeit: Es klingelt und der Nackte sagt: »Guten Abend, ich bin Zeuge Jehovas, man hat mich überfallen, mir alle Exemplare des Wachturm und meine Klamotten geklaut, können wir trotzdem über Gott reden?«

Dann könnte ich sagen: »Nein, Gott ist gut, aber die Welt ist schlecht, und darüber sollten sie vielleicht mit der Polizei reden, ich rufe sie gerne für Sie an, wenn Sie hier draußen warten wollen.«

Wir haben hier übrigens ein hervorragendes Beispiel dafür, dass niemals völlige Gleichheit zwischen den Geschlechtern herrschen wird. Nehmen wir an, die nackte Person ist ansehnlich, erwachsen und weiblich. Sie klingelt und fragt: »Kann ich bei Ihnen duschen.«

Überhaupt keine Diskussion: Jeder Mann wird sie einlassen. Der hetero- und bisexuelle sowieso, vielleicht mit den Worten: »So ein Zufall, ich wollte auch gerade duschen, und zu zweit spart es auch noch Wasser!«

Der schwule Mann lässt sie ebenfalls rein, und zwar mit den Worten: »Aber sicher kannste duschen, Liebelein, und danach mach ich dir die Haare schön.«

Kant, fuck you!

Wie kann man deutsche und ausländische Kinder voneinander unterscheiden? Ganz einfach. Wenn ein Kind schlecht Deutsch spricht, aber fließend Türkisch, Arabisch, Polnisch, was auch immer, ist es ein Ausländer. Wenn ein Kind schlecht Deutsch spricht und keine weitere Sprache beherrscht, ist es ein deutsches Kind. Aber das nur nebenbei. Lassen sie mich also erst mal übers Lügen sprechen. Es ist etwas ganz natürliches, es gibt sogar die These, der moderne Mensch lügt 200 Mal am Tag, damit müssen Frauen gemeint sein, denn kein Mann spricht 200 Sätze am Tag. Im Alter von vier Jahren entwickelt sich die Fähigkeit zu lügen, bei Erreichen der Pubertät sind Kinder perfekte Lügner. Auf dem Weg dahin erleben sie die Widersprüchlichkeit dieser Welt, einerseits bringt man Kindern bei, dass sie die Wahrheit sagen müssen, andererseits werden sie zur Lüge erzogen, weil die Eltern nicht wollen, dass Kinder Dinge sagen wie: Die Frau ist aber dick, warum frisst die dann auch noch so viel und trägt so enge T-Shirts?

Ich bin, was Kinder angeht, unvoreingenommener Betrachter, diese Position können Eltern nicht einnehmen, die sind immer parteiisch. Sie vergleichen jedes fremde Kind mit dem eigenen. Sie sehen zwei Kinder auf dem Spielplatz. Sie sitzen auf der Wippe, ein Kind ist Ihres. Und sie werden sagen: Mein Kind ist viel hübscher als das fremde Kind, lebhafter, es stellt sich auch viel geschickter an. Ich dagegen sage: Jetzt guck sich einer diese zwei hässlichen Dumpfbacken an, beide zu dämlich zum Wippen. Ich sitz gerne auf Spielplätzen, wegen der

Mütter, viele sind alleinerziehend, und auf die übe ich eine
große Anziehungskraft aus. Jedenfalls saß ich neben einer,
und sie sagt zu ihrer kleinen Tochter: »Du bist Mamas kleiner
Schmetterling.«

Ich sage: »Sie wissen schon, dass Kinder für die sokratische
Form der Ironie erst mit acht, neun Jahren empfänglich werden?«

»Wie meinen Sie das?«, sagt sie.

Jetzt hätte ich noch sagen können: »Ich wollte nur mit Ihnen ins Gespräch kommen«, aber sie war potthässlich, und
man soll ja auch ehrlich sein, also sagte ich: »Ein Schmetterling ist im landläufigen Sinne ein sehr schönes, hauchzartes,
federleichtes Wesen. Und nun betrachten wir Ihr Kind. In drei,
vier Jahren hat Ihre Wuchtbrumme noch mal 20 Kilo drauf-
gepackt, kommt in die Schule, und der Lehrer sagt: Hallo, wen
haben wir denn da? Und sie sagt: Ich bin ein Schmetterling,
da haben wir aber einen Lacher. Wenn der Lehrer Entertainer-
Qualitäten hat, wird er so was sagen wie: Ladies and Gentle-
men, die Miss-Piggy-Gesamtschule proudly presents den Air-
bus, Deutschlands schwersten Schmetterling.«

Es gab dann noch einiges Geschrei, und ich habe in der
Folge meine Einstellung zur Ehrlichkeit noch mal überdacht.
Kant fordert sie bekanntlich ohne jede Einschränkung.

Er sagt, es sei die Pflicht des Menschen, immer und unter
allen Umständen die Wahrheit zu sagen. Das gelte sogar dann,
wenn anderen daraus ein Nachteil entstünde. Das ginge ja
noch, aber was ist, wenn mir daraus Nachteile entstehen?

Wenn die Frau sagt: »Schatz, macht die Hose mich dick?«,
und ich sage: »Schatz, ehrlich gesagt, die Hose hat nichts damit zu tun.«

Eine hübsche Variation dieses Themas ist: »Guck mal, Schatz,
die Frau da hat dieselben Leggins an wie ich!«

»Ja, aber bei dir sind die Blumen größer!«

In jedem Falle kann ich gleich anfangen, mir ein hübsches Grab auszuheben.

So eine Forderung nach totaler Ehrlichkeit kann nur jemand erheben, der nie im Schützengraben einer Beziehung gelegen hat.

Und Kant hatte null Ahnung von diesen Dingen, er war unverheiratet, ist angeblich als Jungfrau gestorben. Also konnte er auch nicht wissen, dass Frauen zumindest in drei Bereichen so gut wie nie die Wahrheit sagen: Alter, Gewicht und potenzielle Partner. Sie sagen: Alter ist nicht wichtig, Aussehen ist nicht wichtig, Geld ist nicht wichtig. Sehr witzig. Ich habe noch nicht erlebt, dass sich eine junge attraktive Frau für einen dicken hässlichen alten Sack mit keinem müden Euro auf der Naht interessiert hätte. Umgekehrt ja.

Kant hat die Ehe auch als einen Vertrag bezeichnet zur wechselseitigen Nutzung der Geschlechtsteile. Das ist auch Quatsch. Denn ein Vertrag enthält immer eine Garantie. Und so hart, wie Frauen heute drauf sind, würden sie diese Garantie nach kurzer Zeit in Anspruch nehmen. Sie würden uns zu unserer Mutter zurückbringen und sagen: Hier nimm ihn zurück, er ist scheiße.

Das gesamtgesellschaftliche Klima verschiebt sich eindeutig zuungunsten des Mannes. Jetzt hat auch die Werbung den Mann als Volldeppen entdeckt:

»Ich liebe meine Frau, weil sie mich wegen meiner Erektionsstörungen nicht unter Druck setzt.« Das hätt's früher nicht gegeben. Das ist nicht mehr der Mann aus dem 20 Jahre alten Witz: Schatz, steht schon fest, wat wir heute Abend machen? Ja sicher, pack ma an!

Die Witze werden im Gegenteil immer härter zuungunsten des Mannes.

Was ist der Unterschied zwischen Männern und Frauen? Der Mann guckt einer Frau nach und sagt: Mein Gott was für ein Arsch.

Das macht die Frau auch, nur guckt sie dem Mann dabei ins Gesicht.

Stammtische werden immer häufiger zu Selbsthilfegruppen.

Ein Mann sagt: Ja, meine Frau will viel öfter als ich, und dann kommt sie immer an und sagt: Kann ich was für dich tun? Aber was sie meint ist: Los, du fauler Sack, du musst mal wieder ran! Kann ich was für dich tun? Am liebsten würde ich sagen, ja, zieh aus.

Genau, sagt ein anderer, und sagt deine auch immer bei allem, was sie macht: Das mach ich nur für dich. Neues Kleid gekauft: nur für dich, neuer Lippenstift, neue Frisur: Nur für dich. Nächstes Mal, wenn sie sagt: Musst du immer saufen?, sage ich: Das mach ich nur für dich, denn wenn ich genug saufe, siehst du aus wie ein Schmetterling.

Kochshows gucken ist wie
Pornos gucken

Eine oft unterschätzte Kunst ist die des Tischgesprächs. Wie oft sehen wir ein Paar schweigend in die Speisekarte vertieft, nach gefühlten 20 Minuten sagt er: »Was nimmst du?«

»Weiß nicht, und du?«

»Wahrscheinlich Wiener Schnitzel.«

»Aber das nimmst du doch immer!«

»Die haben ja nichts anderes!«

Ich überfliege die Karte und sage Dinge wie: »Wusstest du, dass Lachse an einer bestimmten Stelle eines Flusses geboren werden, dann schwimmen sie eine Zeit lang flussabwärts, Richtung Meer, wo der Lachs plötzlich Todessehnsucht spürt. Er erinnert sich an diese ganz bestimmte Stelle, wo er geboren wurde, und für den Rest seines Lebens kämpft er sich flussaufwärts zurück zu dieser Stelle, über Stromschnellen und abgestorbene Baumriesen hinweg, flussaufwärts, und dann kommt er an, vollzieht den Zeugungsakt und stirbt. Wahnsinn. Ich könnte das nicht, ich könnte ja nicht mal ein Auto in einem Parkhaus wiederfinden. Vielleicht sollte ich mehr Lachs essen. Aber heute nehme ich mal Wiener Schnitzel.«

Neulich saß ich in einer Konditorei. Ich gehe kaum noch in Kneipen, ich gehe fast nur noch in Konditoreien. Ja, ich möchte auch mal wieder zu den Jüngsten in einem Raum gehören! Es ist einfach herrlich ruhig, gemütlich.

Am Nebentisch zwei ältere Damen. Sie hatten eine riesige Kuchenplatte vor sich, und die eine erzählte vom Ableben ihres Gatten: »Also wir sitzen da und gucken Winterfest der Volksmusik, und Opa steht auf und will ein anderes Programm einstellen, und er ist fast da und kippt um. Herzschlag, hat der Arzt gesagt. Und er hat noch Glück gehabt. Zwei Zentimeter weiter und er hätte sich beim Fallen an der Tischkante noch den Kopf angeschlagen. Furchtbar. Wenn wir die Fernbedienung nicht verlegt hätten, wär das nicht passiert.«

Und dabei haute sie sich die Schwarzwälder Kirschtorte rein, dass es nur so spritzte. Offensichtlich erleichtert Essen das Fertigwerden mit Schicksalsschlägen. Ich hab jetzt immer was bei, für alle Fälle.

Stellen Sie sich vor, meine Frau ist gestorben. Oh, das tut mir leid, möchten Sie vielleicht eine Bifi? Ein absolut unterschätztes Nahrungsmittel. Auf Tournee, so gegen null Uhr im Tourbus auf der Rückfahrt ins Hotel ist für mich immer eine kleine Solo-Aftershow-Party. Man braucht eine Bifi und eine Dose Bier, des Weiteren eine extradicke Stricknadel, die steche ich der Länge nach durch die Bifi, und dann kann ich es als Strohhalm benutzen, da schmeckt dann das Bier schon mal nach Bifi, und wenn ich ein Stückchen abbeiße, schmeckt das dann ein bisschen nach Bier. Also eine Win-win-Situation. Ungesund? Scheiß drauf, is lecker. Und es ist ein Belohnungsritual. Und was heißt schon gesund und ungesund, jeden Tag liest man eine neue bahnbrechende Erkenntnis über Ernährungsirrtümer. Eckhart von Hirschhausen sagt zum Beispiel: »Wenn du ein Jahr lang drei Liter Wasser täglich trinkst, hast du am Jahresende über ein Kilo Kolibakterien als Instantscheiße zu dir genommen. Wenn du dieselbe Menge Bier trinkst, nicht, weil die Kolibakterien den Herstellungsprozess von Bier nicht überleben.«

Ich bin ganz sicher, dass in absehbarer Zeit ein Fachmann sich ähnlich positiv über Bifis äußert. Snacks sind Nervennahrung, Trost, Belohnung, mit einem Wort: Glück.

Kochshows sind die am meisten boomende TV-Sparte. Trotzdem kochen nicht mehr Leute. Es ist wie Pornogucken, es macht Spaß, regt an, man stellt sich vor, wie es wäre, wenn man es selber machte, aber dann sagt man, nee, lass mal gut sein … Und dann geht man essen. Aber auch als Nichtkoch können Sie in der Mittagspause glänzen: Alle packen ihre Stullenpakete oder Tupperdosen aus, Sie holen eine Machete raus, lassen den Anblick erst mal wirken, dann nehmen Sie die mitgebrachte Avocado, halbieren und entsteinen sie, indem Sie die Machete in den Kern schlagen und ihn elegant herausdrehen, geben Forellenkaviar in die Höhlung, träufeln Limonensaft darüber und würzen aus einer ebenfalls mitgebrachten Pfeffermühle. Dann wird alles mit einem Grapefruitlöffel aus der Schale gelöffelt. Dazu erzählen Sie, dass die Avocado, auch Alligatorbirne genannt, schon vor Jahrtausenden in Mittelamerika angebaut wurde, als Aphrodisiakum gilt und ihr Name auf Aztekisch Hoden bedeutet. Das nahezu unausbleibliche Bonmot »Da hatten die Jungs aber ganz schöne Klopper« überlassen Sie großzügig dem Bürotrottel.

Abschießend noch ein Tipp für ein Abenteuer-Tischgespräch, bei dem unter Umständen sogar noch eine Tracht Prügel für Sie herausspringt: Begeben Sie sich in Bayern in einen Biergarten, setzen Sie sich zu einem Gast, der gerade Weißwurst isst, und zitieren Sie Wolfram Siebeck, den Urvater des Kochjournalismus, mit: »Albinopimmel, so was ess ich nicht.«

Latrinalia

Ein Klospruch ist eine besondere Form der Graffiti, die man vor allem an den Innenwänden öffentlicher Toiletten findet. Man spricht auch von Klograffiti, Toilettengraffiti oder Latrinalia. Mein liebstes Latrinalium war lange Zeit: »Lieber in der Kaiserin als Imperator.«

Was ich auch mochte, war:
1 ist eine Glühbirne,
2 ist eine Firma,
3 eine Menschenmenge,
was ist dann 4+5?
Lösung hinter Dir.
Und dann verrenkt der arme Idiot sich tierisch,
um die Lösung zu lesen, und was liest er?
9, du Depp!

Der Wiener Psychologe Norbert Siegl und die Fotografin Daniela Beranek haben Toilettensprüche untersucht. Titel der Magisterarbeit: »Geschlechtsspezifische Unterschiede hinsichtlich Häufigkeit und thematischer Inhalte bei Toilettengraffiti«. Ergebnis: Männergekritzel ist aggressiver.

Von insgesamt 2186 ausgewerteten Äußerungen hatten auf den »Männer-Häusln« 55 Prozent politische Inhalte. Die Wandbemerkungen der Studentinnen hatten hingegen selten Weltanschauliches zum Gegenstand. Die meisten Sprüche entfielen mit je 30 Prozent auf »Sexualität« und »Frauenspezifisches«.

Regelrechte Fortsetzungsromane bedeckten die Wände der Frauen-WCs zum Thema Fellatio. Eine Schreiberin machte es »wahnsinnig geil, ein hartes Mannsymbol im Mund zu haben«, eine andere hingegen fand »einen Mund voll Sperma zum Kotzen«. Einer dritten war ein »Stück Schweinsbraten« allemal lieber. Sie hatte »beides probiert – kein Vergleich«.

Ich wusste gar nicht, dass Frauen auch Sprüche an Klowände kritzeln. Wollt ihr uns denn nicht mal mehr unsere – und jetzt aufgepasst: neue Wortschöpfung – Privatimitiv-Sphäre lassen?

Wie auch immer, meine Frau und ich haben jetzt ein neues Hobby, ein akademisches zumal, denn erste Untersuchungen zum anrüchigen Thema veröffentlichte die zwischen 1904 und 1913 zehnmal erschienene Wiener Zeitschrift Anthropophyteia, zu deren Mitarbeitern Sigmund Freud gehörte. Ende der Siebzigerjahre zählten Bielefelder Abortologen in der geisteswissenschaftlichen Fakultät erheblich mehr Klo-Inschriften als bei den Naturwissenschaftlern. Das Latrinalium ist also eine alteingesessene Domäne des Elfenbeinturms. Also: Wir suchen uns gut besuchte Klos, zum Beispiel auf Autobahnraststätten, schreiben einen Spruch an die Wand und unterzeichnen mit dem Namen eines Prominenten. Das Ganze wird natürlich auch mit dem Handy fotografiert. Hier ein paar Beispiele:

Genitiv im Wasser, weil es Dativ ist.
Bastian Sick

Liebes Klo,
du bist wie das menschliche Auge, siehst nur Arschlöcher. Im Moment mich.
Franz Josef Wagner

Hier starb mein Sohn, neun Monate vor seiner Geburt
bei einem wilden Handgemenge.
Und dann den Namen eines hohen geistlichen Würden-
trägers, der im Moment sehr unbeliebt ist, ich muss da
gar keine Namen nennen, auf dem Sektor herrscht immer
ziemliches Gedränge.

Kannst du mal nicht richtig kacken,
denk an Bohlen, dann wird's klappen
Verona »Hier werden Sie gereimt« Poth

Ich sitz auf'm Scheißhaus und hab kein Papier, da
nehm ich die Fahne von Schalke 04!
Jürgen Klopp

Here I'm sitting broken-hearted
tried to shit but only farted.
Paris Hilton

Welcher Fisch furzt um einen halben Ton tiefer als die
anderen?
Der Barsch. Weil er ein B vor dem Arsch hat.
David Garrett

Scheiße auf der Fahnenstange,
sieht schön aus und hält nicht lange!
Ursula von der Leyen.

Natürlich gibt es ein Vorbild für die Idee, zum Spruch auch
einen Autor zu nennen, hier kommt die Mutter des akademi-
schen Latrinaliums:

Gott ist tot.
(Nietzsche)

Nietzsche ist tot.
(Gott)

Tote reden nicht.
(Django)

Letztens las ich einen witzigen, aber auch sehr derben Spruch, für den mir kein Urheber einfällt: Wer Männer lutscht und Frauen leckt, der frisst auch Haribo-Konfekt. Oder kennen Sie jemanden, der Gottschalk nicht leiden kann? Ich nicht. Trotzdem muss ich jetzt immer lachen, wenn ich ihn sehe, aber das will er ja auch. Wollen wir doch alle.

Osama und der deutsche Schäferhund

Wir glauben oft, bestimmte Dinge sind klar, wir wissen alles darüber. Zweieinhalb Jahre nach dem Ableben Osama Bin Ladens erschienen zwei Bücher über die Ereignisse, eines von einem der beteiligten Soldaten, dessen Schilderung in der deutschen Presse unterschiedlich rezipiert wurde. »Die Welt Kompakt« entnahm dem Buch, er sei von der Treppe aus erschossen worden, als er aus dem Schlafzimmer guckte, die »BZ« folgerte, er habe Selbstmord begangen. Der zweite Buchautor wurde in einem Interview gefragt, was nun stimme, und er sagte: Er wisse es nicht, vielleicht tauchten noch ganz andere Versionen auf. Genau, meine nämlich, denn ich habe im Mai 2010 die Berichterstattung sehr genau verfolgt und fand damals schon die tägliche Nachbesserung der Narration dessen, was angeblich geschehen war, bemerkenswert.

Laut Jay Carney, Obamas Sprecher, war das Ziel des Kommandounternehmens in einer Villa in Abbottabad, Pakistan die Festnahme und nicht die Tötung Bin Ladens. Nur wegen des großen Widerstandes wurde er erschossen. So sprach Bild anfänglich auch von mit Kalaschnikows und Panzerfäusten bewaffneten Leibwächtern, die ihren Scheich bis zum letzten Blutstropfen verteidigten. Und da dachte ich schon: Ui, Panzerfäuste werden bei Schießereien in Gebäuden eher selten eingesetzt, weil man sich da gerne mal die tragenden Wände wegballert und einem das Dach auf die Rübe fällt. Am Ende sprach die Washington Post von einem »extrem einseitigen Feuergefecht«. So kann man es wohl ausdrücken, wenn das

Feuer von circa 30 Elitesoldaten von nur einem Bewaffneten erwidert wird, der auch sofort erschossen wurde, so wie eine Frau und weitere drei unbewaffnete Männer, unter ihnen Bin Laden, der aber laut CIA-Direktor Panetta »eine bedrohliche Bewegung machte, die unsere Jungs gefährdete«. Wahrscheinlich hat er die Hände gehoben, was, wie jeder erfahrene Nahkämpfer weiß, bedeutet, dass er beabsichtigte, den Gegner gleichzeitig auf beide Ohren zu hauen, was extrem schmerzhaft ist, die Trommelfelle platzen und den Besitzer hilflos herumtorkeln lässt, weil der Gleichgewichtssinn gestört ist. Die Identität Bin Ladens wurde durch einen DNA-Abgleich mit der einer Halbschwester zu 99,9 Prozent bewiesen, was nach deutscher Expertenmeinung ein medizinisches Wunder wäre. Der Tote wurde auf einen Flugzeugträger geflogen, und man ließ ihm von dort aus, weil, wie die »SZ« schrieb, kein Land der Welt eine Grabstätte habe zur Verfügung stellen wollen, eine Seebestattung angedeihen, und zwar, wie von den Amerikanern ausdrücklich betont wurde, in Übereinstimmung mit islamischen Praktiken und Riten. Das war mir nun völlig neu, dass die Seebestattung bei Wüstensöhnen gang und gäbe ist, und ich glaube auch, die Schweiz hätte, wenn sie gefragt worden wäre, gern ein Gletschergrab zur Verfügung gestellt, für 10 Millionen Franken oder so. Jedenfalls wurde der Hergang in Amerika allgemein bejubelt, was nachvollziehbar ist und wohl auch so beabsichtigt war.

Wollen Sie mal meine ganz private Überzeugung hören? Schön. Bin Laden ist in seiner Villa in Pakistan unweit einer Militärakademie, wo er offensichtlich seit fünf Jahren mit mehreren Frauen und vielen Kindern lebte, friedlich verstorben, er hatte ja angeblich Niere und Rücken, vielleicht aber auch an Langeweile, denn wie jüngste Frau im Verhör der Pakistanis sagte, habe man den zweiten Stock des Gebäudes seit Jahren nicht verlassen. Von diesem seinem natürlichen Tod hat die CIA durch welchen Zufall auch immer Wind bekommen und gesagt: Das wird die Al Qaida nie zugeben, also machen wir ein großes Ding daraus, das wird alle freuen, besonders den Präsidenten, er muss es ja nicht wissen. Dazu passt auch ganz gut, dass die Liveübertragung der Aktion – wir alle haben das Foto gesehen, wie der Präsident und sein Stab im »Situation Room« das Geschehen verfolgten – genau, als es ernst wurde, abbrach und 21 Minuten später mit der Erfolgsmeldung wieder einsetzte.

Der Befehlshaber der Navy Seals könnte vorher sinngemäß etwa Folgendes gesagt haben: »Obacht, Jungs, ihr fliegt zu dieser Villa und klingelt. Und wenn Bin Laden aufmacht ...«

»Ach der wohnt da?«

»Soweit wir wissen, ja. Also wenn er aufmacht und sich nicht ergibt, schießt ihr ihm die Rübe weg.«

»Aber dann erkennt man ihn doch nicht!«

»Soll auch nicht, ich meine muss auch nicht, wir machen das viel genauer mit der DNA-Probe seiner Schwester. Jedenfalls fliegt ihr mit ihm zum Flugzeugträger und schmeißt ihn ins Meer.«

»Aha, und wenn er sich ergibt?«

»Dann macht ihr das genauso. Und passt schön auf, dass nicht wieder ein Hubschrauber abstürzt, wie sonst immer, und noch was, achtet drauf, dass der Tote, den Ihr mitnehmt, über 1,90 ist, also nehmt einen Zollstock mit.«

Und genau so geschah es, nur dass natürlich wieder ein Hubschrauber abstürzte und sie den Zollstock vergessen hatten, sodass sich ein großer Soldat neben den Toten legen musste, wie zumindest »Die Welt« berichtete. Der Coup war natürlich mit Pakistan nicht abgesprochen, weil die sich das wahrscheinlich verbeten hätten. Aber was viel schlimmer ist:

Unsere Kanzlerin war auch nicht eingeweiht, sie erfuhr es ganz früh, und sie wirkt ja oft so muffelig, deswegen ist in der Gebärdensprache ja die Geste für Merkel hängende Mundwinkel. Und deswegen hat sie einen Fun Coach, und der schärft ihr immer ein: »Angie, Freude zeigen, zack!« Sie wurde also zitiert mit dem Satz: »Ich freue mich, dass es gelungen ist, Bin Laden zu töten.« Nun sind wir ja hier in Deutschland, dem, wie Henryk M. Broder es so schön ausdrückte, Branchenführer im Moralisieren. Sofort überboten sich die Spaßbremsen aller Fraktionen mit sprachlichen Spitzenleistungen: Siegfried Kauder, CDU, Vorsitzender des Bundestagsrechtsausschusses, befand: »Das ist Mittelalter, Rachegedanken, die man nicht hegen sollte.« Unsinn. Gefreut hat sie sich. Das ist etwas anderes. Rachegedanken wird sie ab jetzt hegen, und zwar gegen ihn, weil er sie angepisst hat. Ingrid Fischbach, CDU, fand es »aus christlicher Sicht nicht angemessen, Freude über die gezielte Tötung eines Menschen zu äußern«. Ich habe mal gelernt, dass genau das eine tragende Säule des Christentums ist! Wie auch immer, Steffen Seibert, Regierungssprecher, der bereits beim Twittern Obama und Osama verwechselt hatte, gab dann den – zumindest für mich – Satz des Jahres an die Presse: Die Kanzlerin habe Verständnis dafür, dass das Zusammenwirken der Worte Tod und Freude in einem Satz als unpassend empfunden werden könne. Macht man halt zwei Sätze draus. »Bin Laden ist getötet worden. Punkt. Ich freue mich …« Pause … und wenn dann einer meckert, kann sie fortfahren mit: »… dass wir auch einen kleinen Beitrag leisten konnten, denn der Sprengstoffspürhund, der an der Aktion teilnahm, war ein deutscher Schäferhund.«

Schlussmachen für Anfänger

An der Uni in Louisville wurde die Entromantisierung von Beziehungen untersucht. Professor Michael Cunningham sagt: Schlechte Angewohnheiten, die im Grunde nicht schwer ins Gewicht fallen, beeinträchtigen das Gefühlsleben des Partners ähnlich wie Allergien und können die Ehe scheitern lassen. Hier eine Liste der Top-Beziehungskiller. Wohlgemerkt in Amerika, meiner Meinung nach sind die meisten dieser Verfehlungen hier bei uns nicht so tragisch. Und sie haben nicht dazugeschrieben, wer was macht, Männer, Frauen oder beide.

1. Nasebohren
Das machen natürlich nur Männer. Dafür sollten Frauen Verständnis haben. Nasebohren ist die perfekte männliche Tätigkeit. Es strengt nicht zu sehr an, trotzdem hat man etwas vorzuweisen.

2. Kosenamen im Beisein Dritter
Das kommt wohl sehr auf den Einzelfall an. Es hat eine repräsentative Umfrage unter 4000 Personen gegeben, um herauszufinden, welches in Deutschland die beliebtesten Kosenamen sind. Die Frauen nennen ihren Partner am häufigsten Schatz, Hase, Bärchen, Hasi. Männer ihre Frauen auch Schatz, Maus, Engel, Mausi. Klingt öde, aber Mainstream ist immer ein bisschen schlichter, auf den hinteren Plätzen gab's schon tolle Sachen, die Frauen verwenden auch Namen wie: Nacktschneckerich, da kann man mal die Fantasie ein bisschen schweifen

lassen, Nougatprinz ist auch schön. So möchte ich auf keinen Fall genannt werden. Das lässt darauf schließen, dass meine Frau die Unterhosen nicht nur kauft, sondern auch waschen muss. Dazu vielleicht ein Hilfswitz: Wie nennt man einen Polizeibeamten, der nur einmal in der Woche die Wäsche wechselt? Streifenpolizist. Und was sagt er zu seiner Frau, wenn er nach Ablauf der Woche in die Hose guckt? Ich wusste gar nicht, dass Baumwolle rostet. Aber ich will nicht abschweifen. Bonsai Adonis ist ein weiterer Männerkosename. Na toll. Warum nicht gleich Stummelschwänzchen?

3. Zu lange Einkaufstouren

Das ist ein guter Punkt. Das Einkaufsverhalten von Frauen ähnelt ihrem sexuellen Verhalten, sie können stundenlang rumgucken, hier was probieren, da was befummeln, dabei erzählen und dann irgendwann aufhören ohne zählbaren Erfolg. Anders der Mann. Rein in den Laden, tun, was er tun muss, raus. Zack.

4. Erfundene Anekdoten, mit denen Partner bei Freunden glänzen

Das finde ich aber ganz toll, ehrlich gesagt. Ich habe mir auch schon eine Geschichte überlegt: Wir sind bei Geschäftspartnern zum Essen eingeladen, und irgendwann kommt das Gespräch auf Beziehungen, und ich sage: »Wenn man sich kennenlernt, erzählt man dem anderen in der Regel nicht alles über sich, man lässt erst mal die Schokoladenseite raushängen, die etwas heiklen Sachen hebt man sich für später auf. Ich habe meiner Frau nicht erzählt, dass ich Pornos mag. Gut, als ich ihr zum ersten Mal einen zeigte, hätte es nicht unbedingt der sein müssen, in dem ich mitspielte, es war aber auch nichts Dolles, eine Massenszene, in der mir eine Domina mit einer nassen Selleriestange den Arsch versohlte. Na gut, dafür hat sie mir nicht erzählt, dass sie vor der Operation Manfred hieß, stimmt's Mausebär?«

Aber bis jetzt habe ich mich noch nicht getraut.

5. Zu viel Urlaubsgepäck

Das nervt in der Tat. Wenn wir mal übers Wochenende weg- fahren, sagt meine Frau: Was nimmst du mit? Kleine Reiseta- sche, Laptop, Badehose, drei Unterhosen, drei T-Shirts, drei Bü- cher, fertig. Du nimmst auch einen Koffer mit. Wieso? Damit ich ein paar Sachen von mir mit reinpacken kann. Und dann packt sie, als wollte sie ein neues Leben anfangen. Und ich weiß nicht, wohin mit meinen Klamotten. Also doch die Reise- tasche. Aber deswegen macht ja kein Mann Schluss. Männer machen sowieso nicht Schluss, dazu sind sie zu feige. Wenn sie die Beziehung satt haben, warten sie lieber, bis die Frau Schluss macht, und da kann man diese Liste natürlich sehr gut als Leitfaden nehmen. Und dann hab ich hier noch ein paar Zusatztipps:

Sie sitzen im Restaurant, essen schweigend, der indische Rosenverkäufer tritt lächelnd an den Tisch, fragt: Wolle Rose kaufen. Der Mann sagt: Nein danke. Das ist normal. Besser: Verpiss dich, det is meine Olle.

Oder beim Abendbrot das Hemd hochziehen, sich den Bauchnabel reinigen und sagen: Ich versteh das nicht, jeden Morgen mach ich ihn leer, abends ist er wieder voll, wo der das wohl herholt!

Dass Männer sich ständig am Sack kratzen, ist normal, schließlich haben wir einen, sind stolz darauf und wollen uns vergewissern, ob er noch da ist. Wenn Sie aber dabei murmeln, ich werde mir doch auf die alten Tage keine Filzläuse einge- fangen haben, sollte das nicht ohne Wirkung bleiben.

Sprachliche Fehlleistungen

Sprachliche Fehlleistungen sind ein steter Freudenquell, man findet sie auf Schritt und Tritt. Wir beginnen einfach mal mit falschen Antworten in einem Fernsehquiz, wie sie wirklich gegeben wurden:

Nennen Sie ein Spiel im Casino!

Roy Black.

Welches Bauwerk war das Symbol der Brüsseler Weltausstellung von 1958?

Männeken Piss.

Wie wird die Kinderkrankheit Mumps im Volksmund auch genannt?

Hackepeter.

Welche menschlichen Extremitäten sind dem Kopf am nächsten?

Die Haare.

Welcher römische Kriegsgott trägt den gleichen Namen wie ein bekannter Schokoriegel?

Snickers.

Mit wie vielen N wie Nordpol schreibt man das Wort »Bananenrepublik«?

Fünf.

Welches Kleidungsstück für Frauen wird das kleine Schwarze genannt?

Slip.

Diese Antwort ist ausgesprochen kreativ, denn sachlich ist wenig dagegen einzuwenden. Der Kandidat oder die Kandidatin ist jedenfalls mit Unterwäsche vertrauter als mit feierlichen Anlässen wie einer Cocktailparty.

Wie heißt das männliche Geschlechtshormon?

Penis.

Welchen französischen Namen tragen die knäuelartigen Quasten, die zur Grundausstattung jedes Cheerleaders gehören?

Tampons.

Wie heißen die kurzen Haare an den Außenkanten der Augenlider?

Koteletten.

Lehnwörter aus anderen Sprachen laden häufig zum Stolpern. So hörte ich einmal eine ältere Dame in einer Bar sagen: »Ich hätte gern ein Ginger Ale« (französisch ausgesprochen, also »Dschändscherall«).

Sie meinte ein Ginger Ale.

Prominente haben sehr oft Probleme mit der Sprache, nicht öfter als andere, aber es fällt mehr auf, weil sie ständig zitiert werden. Wunderschöner Sprachschnitzer von Beckenbauer: »Zwischen Löw und Sammer muss es einen engen Draht geben.«

Der Linguist spricht von einer Kontamination, einer fehlerhaften Vermengung von zwei Redensarten, der kurze Draht und das enge Verhältnis, wobei Beckenbauer instinktiv die bessere von zwei falschen Möglichkeiten gewählt hat, denn die Überschrift »Zwischen Löw und Sammer muss es ein kurzes Verhältnis geben« wäre missverständlich.

Aber solche Fehlleistungen gibt es selbst bei den angesehendsten Zeitungen tagtäglich.

»Schwarzwälder Bote«:
Bei Bürgermeister Hermann Acker rannte sie damit offene Ohren ein.

Der Sprachplanungsapparat hat zwei Bilder ähnlicher Bedeutung zur Verfügung und kombiniert sie einfach. Offene Türen einrennen und ein offenes Ohr finden.

Ein Hauptgrund für mich, Zeitung zu lesen, sind die Sprachschnitzer, wie sie häufig vorkommen.

»Neuß-Grevenbroicher Zeitung«:
Allein diese Zahlen, so Gröhe, machten deutlich, dass Demenz in den Köpfen der Gesellschaft und der Politik einen zentralen Platz einnehmen müsse.

Hier steht der Zitierte auf Kriegsfuß mit der Metaphorik, was uns einen wunderbaren Doppelsinn beschert, die Frankenberger Zeitung 22.1.2010 hat's nicht so mit der Zeitenbildung bei unregelmäßigen Verben: Radlerin entdeckt Männerleiche … Rettungskräfte und Polizisten borgten den toten Mann.

Bei der »Bild« hapert's woran?
»Bild«, 13.4.13
Wegen Affäre! (statt Doppelpunkt) Frau zündet Penis an.

Interpunktion, Zeichensetzung. Statt Ausrufezeichen müsste natürlich ein Doppelpunkt dastehen. Gut, der Inhalt ist auch interessant: Die Frau zündete den Penis ihres Mannes mit Brennspiritus an. Klingt irgendwie unglaubwürdig.

Welcher Dialog mag dieser Aktion vorangegangen sein?
Schatz!
Ja Schatz?
Hast Du mich betrogen?
Ach Schatz …
Du weißt, was jetzt kommt?
Och, bitte nicht schon wieder …
Keine Widerrede, gib mir mal den Brennspiritus aus dem Schrank und das Feuerzeug … und jetzt Hose runter!

Och Schatz, das brennt doch so!

Das hättest du dir vorher überlegen müssen, wer's jucken lässt, den wird das bisschen Brennen doch nicht schrecken…

Satzzeichen werden oft unterschätzt, zum Beispiel in dem Satz: Wir essen jetzt Opa, entscheidet ein Komma über Leben und Tod des Greises.

Die Rechtschreibung ist bei der »Vilsburger Zeitung« ein Thema:

Vor allem bei Liegestützen ist darauf zu achten, dass sie richtig ausgeführt werden und dabei kein Holzkreuz entsteht. Das kann natürlich auch ein Hörfehler beim Diktat sein, wie wir sie oft bei Gerichtsstenografen finden: In der Scheide der Zeugin waren Sperrminen gefunden worden (Spermien).

Der Angeklagte arbeitet bei den Sieben Zwergen (Siemens Werken).

An anderer Stelle war von einer Gelegenheitsbrusttätowierten die Rede.

Damit sind wir in der Wunderwelt der Semantik angekommen, den Fehlleistungen auf der Bedeutungsebene:

»Heidelberger Tagesblatt«:
Anscheinend ist die Leiche die Böschung hinaufgeklettert und dabei verunglückt.

Anzeige aus der »Heilbronner Stimme«:
Bildergalerie aus der guten alten Zeit. Feiern Sie mit uns, Tischreservierung empfohlen, Kleidung erwünscht.

»Der Hausarzt«:
Mehr Eigenverantwortung bei Durchfall

»Bonner Generalanzeiger«:
Mediziner sagen, Gewalt gegen Alte ist noch immer ein Tabu.

Aus einem Polizeiprotokoll:
Der Alkoholisierte kam nicht weit. Er hielt an, stieg aus und übergab sich. Das war natürlich für die herankommenden Polizisten ein gefundenes Fressen.

Oder: Er griff ihr ans Geschlechtsteil, bis er Motorengeräusche hörte.

»Kölner Express«:
Trunkenheit wird auch im Rollstuhl bestraft. Ein Mann aus Brisbane, Australien, 64, schlief besoffen im Rollstuhl auf der Autobahn ein. Beamte weckten ihn, Anzeige und, so wörtlich: Im Juli steht er vor Gericht.

Nein, das wird er nicht. Wenn nicht eine Wunderheilung geschieht.

Ein weiteres Füllhorn für Stilblüten sind Briefe an Behörden oder Versicherungen.

Ich habe so viele Formulare ausfüllen müssen, dass es mir bald lieber wäre, mein geliebter Mann wäre überhaupt nicht gestorben.

Ich habe mir den rechten Arm gebrochen, meine Braut hat sich den Fuß verstaucht – ich hoffe, Ihnen damit gedient zu haben.

Ich habe noch nie Fahrerflucht begangen; im Gegenteil, ich musste immer weggetragen werden.

Der Beamte, der meine Kohlen abgelehnt hat, soll mal im Winter bei mir schlafen, damit er fühlt, was für ein kaltes Loch ich habe.

Stationen des Lebensweges

Ich bewundere Kinder. Wir Erwachsenen können uns nicht mehr mit uns selbst beschäftigen, unsere Freizeitgestaltung ist von Angeboten durchorganisiert, Internet, TV, Volkshochschule, Alkohol, ein 4-jähriges Kind braucht das alles nicht, letztens sah ich eines, das zehn Minuten nichts weiter tat, als den vorgeneigten Oberkörper sanft zu wiegen, wobei die Arme hin und her baumelten. Zehn Minuten Quality Time.

Eine Bekannte hat eine 6-jährige Tochter, die guckt zehn Minuten ins Nichts und lächelt, und ich frage: Woran denkst du, und sie sagt Kinderschokolade. Versuchen sie mal als Erwachsener, zehn Minuten an Kinderschokolade zu denken und dabei glücklich zu sein, das geht gar nicht, sie denken: Schokolade, Kalorien, Zahnarzt, Implantate, Selbstbeteiligung, werde ich mir ein Pflegeheim leisten können, gibt es ein Leben nach dem Tode?

Ich habe mich als Kind auch beschäftigt. Ich habe sehr früh Schach gelernt, mit 7. Wir waren aber arm und unser Schachspiel alt. Es fehlten verschiedene Figuren. Da haben wir dann Figuren von der Krippe genommen, Maria, Josef, die Hirten, die heiligen drei Könige. Einmal habe ich mit meinem Onkel gespielt und machte einen Zug, und er sagte: Hey, du kannst mit dem Bauern nicht quer übers ganze Feld ziehen, ich sagte: Das ist Jesus, der kann überall hin.

In der Pubertät hört der Spaß auf. Teenager sind oft so antriebsarm, auch miesepetrig, hängen den ganzen Tag rum mit so einer Fresse, man ist geneigt zu sagen: Geh auf dein Zimmer und komm wieder raus, wenn du alt genug zum Saufen bist. Es liegt natürlich am Erwachen der Triebe. Die Fortpflanzung ist ein raues Geschäft. Aber auch wenn man einen Partner findet, haben die meisten Menschen doch Schwierigkeiten, eine Beziehung über wirklich lange Zeit am Laufen zu halten. Tiere können das. Schwäne und Wale sind monogam, haben einen Partner ihr Leben lang, Pinguine auch, das sind überhaupt Glückspilze, sie werden höchstens 20 bis 25 Jahre alt, also nie 37. 37 ist ein schlimmes Alter, die Jugend ist vorbei, die Gruft noch nicht in Sicht, aber es riecht schon ein bisschen nach Moder. Es ist das Alter der Schizophrenie, man wird von einem jugendlichen Skater auf dem Bürgersteig fast umgefahren und denkt gleichzeitig zwei Dinge: Hey, das sieht nach Fun aus, das kaufe ich mir auch und: Diese rücksichtslosen Arschlöcher sollte man alle wegsperren. Nächste Station: 40 Jahre.

Jeder Mann erhält vom Schöpfer zu seinem 40. Geburtstag ein Geschenk. Endlich muss er nicht mehr durchschlafen, sondern wird drei-, viermal wach, später öfter, um pullern zu gehen.

Das ist auch die Zeit, wo viele Menschen Haustiere anschaffen. In unserem Fall eine Katze. Mit der hab ich am Anfang gespielt, das war so süß, ich habe ihr so ein Stück Kordel vorgehalten, und sie hat versucht, es zu schnappen, ich hab es dann immer weggezogen. Und ich sage zu meiner Frau: was für ein blödes Tier, versucht 20 Minuten, ein Stück Schnur zu fangen. Und dann sagt sie: Und was ist mit dir? Ärgerst 20 Minuten mit einem Stück Schnur eine Katze. Weiber.

Wenn man älter wird, kriegt man ein anderes Zeitgefühl. Meine Frau sagt oft zu mir: Mein Gott, jetzt sind wir schon zwei Stunden zugange, willst du nicht mal langsam zu Potte kommen? Sag ich: Schön, ess ich eben nicht auf.

Viele ältere Menschen klagen, dass man im Alter so leicht

zunimmt. Ging mir auch so, aber jetzt ist alles gut. Die Medizin hat festgestellt: Mäßiges Übergewicht verlängert das Leben. Habe sofort meine Diät abgebrochen. Das bin ich meiner Frau schuldig, dass ich ihr so lange wie möglich zur Seite stehe. Was hat sie von einem Modellathleten in einer Urne.

Vai t'a por num porco

Ich feiere nie Geburtstage, das machen alle und bitte: Was gibt's zu feiern? Es ist kein Verdienst, älter zu werden, es passiert einfach, du musst nur Geduld haben, das ist wirklich keine große Leistung. An Geburtstagen wird Altbekanntes gesagt und gesungen: Kaum zu glauben, aber wahr, Franjo wird heut 50 Jahr, Grund genug zurückzublicken auf ein Leben voller Freude. In Aachen, meiner alten Heimatstadt, singt man zur Melodie von Happy Birthday: Häs Jeburtstag, ärm Hur, häs Jeburtstag, ärm Hur, usw. Und Nicht-Aachener meinen dann, das hieße »Arme hoch«. Heißt es aber nicht. Es heißt arme Hure, das ist aber nicht negativ konnotiert, man begrüßt sich auch mit: »Wie jeht et dich, au Hur?« oder »Ah, Piemel, wie isset?«. Das entspricht haargenau dem freizügigen Gebrauch von »Cazzo« und »Stronzo« im Italienischen.

Ich habe mich ein bisschen mit mediterraner Schimpfkultur beschäftigt. Die Menschen dort erfreuen sich einfach leichter an fantasievollen und deftigen Redewendungen als wir. So wird ein Portugiese, schon wenn wir ihm nur eine unglaubliche Geschichte erzählen, ausrufen: »Vai t'a por num porco«: Geh ein Schwein ficken. Da sind die noch nicht sauer auf einen oder so, lediglich überrascht! Das ist, wie wenn Sie hier am Stammtisch erzählen: Ich hab zwanzig Millionen im Lotto gewonnen, ja da geh mir doch ein Schwein ficken, und das können Sie in dem Fall auch machen, Sie können überhaupt so einiges machen, wenn Sie zwanzig Millionen gewonnen haben.

Wenn wirklich beleidigt werden soll, sagt der Spanier: »Me cago en la leche de tu puta madre«: »Ich verrichte meine Notdurft in die Milch deiner im Rotlichtmilieu tätigen Mutter.

Die Rumänen sind kraftsprachlich ebenfalls sehr gut aufgestellt, ein Freund von mir und ein Markthändler, es ist viele Jahre her, beschimpften sich in Bukarest in meinem Beisein, ich habe mir das später übersetzen lassen und auch auswendig gelernt, da hieß es: »Dutem pizda mati«: Begib dich in die Vagina deiner Mutter, geh direkt dorthin, geh nicht über Los, ziehe keine 3000 Euro ein.

Jetzt sehe ich doch einige verstörte Gesichter. Lassen Sie mich die Situation mit einem Kinderwitz entschärfen: Mutter und kleine Tochter sind im Freibad und duschen vorher, und das Kind sagt: Mami, was hast du da? Und die Mutter: Das ist meine Vagina. Ah, dann hab ich ein Vaginchen. Richtig. Und die Oma einen Wagon.

Eine wahre Geschichte verdeutlicht den Mentalitätsunterschied vielleicht noch eindringlicher. Argentiniens Sportchef Carlos Bilardo, 71, Weltmeistertrainer von 86, 2010 Boss von Maradona und studierter Gynäkologe, hat bei Radio Telefe vor der WM 2010 gesagt: »Wer das Tor im Finale macht, kann mich von hinten nehmen. Ich weiß schon, dass das wehtut und dass die Leute sagen, der ist verrückt. Mir doch egal, Hauptsache, wir werden Weltmeister.«

Vai t'a por num porco!

Werbung beim Essen

Letztens blättere ich beim zweiten Frühstück, einem Stück Baguette mit Sandwichspread, Thunfisch aus dem Glas, nicht aus der Dose, belegt mit dünn geschnittenen weißen Zwiebeln, einen Versandhauskatalog durch und lese: »Sie kennen das: Wie oft wünscht man sich ein leistungsstarkes Fernglas herbei, doch das sperrige Binokular liegt unbenutzt zu Hause im Schrank. Was macht es da? Urlaub oder den Vorruhestand genießen?« Ehrlich gesagt habe ich mir schon längere Zeit nichts mehr herbeigewünscht. Früher des Öfteren. Als ich jung war und ungefestigt, habe ich mir bisweilen eine wildfremde Frau herbeigewünscht, die bereit wäre, kostenlosen Sex mit mir zu haben. Auch schon mal eine Luftdruckpistole, um den Radfahrer zu beschießen, der mich auf dem Bürgersteig von hinten kommend fast umgemangelt hätte. Aber ein leistungsstarkes Fernglas eigentlich nie. Und wenn ich von meinem Balkon in der Dämmerung die Fenster gegenüber nach sich entkleidenden Personen hätte absuchen wollen, hätte ich in aller Ruhe das sperrige Binokular aus dem Schrank geholt. Und in den Urlaub würde man es auch mitnehmen, wenn man weiß, es ist ein FKK-Gelände in der Nähe, oder Rehe. Beim Einkaufen habe ich mir auch noch nie ein Binokular herbeigewünscht, da hat sich meine Brille als geradezu unschlagbar erwiesen, obwohl das in der Werbung angepriesene Monokular mit 30-fachem Zoom und Makro auch den Nahbereich bis 30 cm dreißigfach vergrößert. Broccoli heute im Angebot, nur 36 Cent das Kilo, könnte ich also aus 30 cm Entfernung dreißigfach vergrößern.

Früher, als Mutter den Kinderstuhl noch auf Würmer untersuchte, wäre das natürlich eine große Hilfe gewesen, aber mit den Würmern ist auch die Flachtoilette, auf der das Häufchen bis zur Spülung besichtigt werden kann, ausgestorben. Genau wie der Reiseruf: Die gab's immer im Radio, als ich Kind war. »Gefreiter Ernst Obisch, unterwegs mit einem dunkelgrünen Kettenfahrzeug Marke Leopard im Raum Scheveningen, Niederlande, wird dringend gebeten, seinen Standortkommandanten anzurufen …« Aber zurück zum Monokular:

Letzter Satz: »Sie werden viel Freude daran haben, immer, wenn es etwas Spannendes zu beobachten gibt.« Ja, aber wenn nicht, und das ist doch wohl häufiger der Fall, da ist mir dann mit einem DVD-Player und der entsprechenden Auswahl an Filmen besser gedient.

Einen Tag später habe ich dann wieder ferngesehen beim Essen, es gab Spaghetti aglio olio con peperoncini, da habe ich eine Werbung gesehen für den Känguru-Pulli, ein kackbraunes Flokatiteil mit Babytragebeutel vorn, für die ganze Familie inklusive Opa, die sahen alle so scheiße aus damit, und wer das kaufte, wurde noch mit einem Geschenk bestraft, Mobile-Ohrringe, ein 6-teiliges Ungetüm, dass der jungen Mutter vom Ohr hängt und, wie es hieß, »Ihrem Baby noch viel Freude machen wird«, na klar, es hängt nicht an einem Klipp, sondern im Ohrloch, und Baby: zerr, spotz, Ohrring raus, Ohrläppchen gespalten, aber das Mobile ist unbeschädigt. Wunderwelt der Physik der Festkörper und auf sie einwirkender Kräfte!

In einer weiteren Anzeige wirbt eine Treppenlift-Firma mit »über 110 Jahre Erfahrung«, ich googele und lese, der Treppenlift wurde 1977 erfunden. Hab ich gedacht, o.k. ,da steht Erfahrung, aber nicht womit. Ich könnte mich also als Konditor bewerben und reinschreiben: 66 Jahre Erfahrung. Und wenn er nachfragt, worin ich denn Erfahrung habe, sage ich: Im Atmen, das mache ich seit meiner Geburt mit großem Erfolg, da macht mir keiner so leicht was vor…

Aber auch der redaktionelle Teil von Zeitungen ist nicht ohne: Folgende Schlagzeile schlug mich unlängst bei einem Linsenrisotto in ihren Bann:

»Polizei testet Geier zur Leichensuche:

Hannover. Truthahngeier können tote Körper aus großer Höhe aufspüren und könnten bei der Suche nach Leichen eingesetzt werden. Ein Test in der Lüneburger Heide soll das klären.« Wie Test? Die wollen also eine Leiche irgendwo ablegen und sie dann von den Geiern suchen lassen? Wo kriegen die die her? »Sagen sie, Sie hatten doch für Ihren Opa eine Feuerbestattung geplant. Da kommt es doch auf den Zustand nicht so an. Und anstatt die teure Einäscherung zu zahlen, kriegen Sie vom Staat noch was raus für Ihren Opa. Und Ihr Opa könnte sich posthum noch um das Polizeiwesen sehr verdient machen, könnte praktisch zum Ehrenwachtmeister ernannt werden, mit Urkunde und Pipapo.«

Irgendwie hat mir mein Linsenrisotto dann nicht mehr so richtig geschmeckt.

Zitatendurst

Ich fresse Informationen und scheiße ein Buch. Poetischer kann man den kreativen Prozess eines Autors nicht schildern, als Emile Zola es mit diesem knackigen Statement getan hat. Zitate können Ihre Reputation in schwindelnde Höhen katapultieren. Dabei gibt es grundsätzlich zwei Vorgehensweisen: Sie schildern einen banal erscheinenden Vorgang und lassen ihn abschließend durch einen Zitatenklopper in einem ungeahnten Licht erstrahlen, vergolden die Schote a posteriori. Beispiel: Als ich heute beim Tennisspielen einer sehr hübschen Tennisspielerin in einem sehr hübschen Outfit zusah, wusste ich schlagmals, was Schopenhauer wirklich gemeint hat, als er sein Hauptwerk »Die Welt als Wille und Vorstellung« nannte. Es regte sich ein Wille in meiner Gedankenwelt, gleichzeitig machte ich mir sehr präzise Vorstellungen. Und dass ich damit nicht falschliege, belegt ein anderes Wort von Schopenhauer: »Die Genitalien sind der eigentliche Brennpunkt des Willens.«

Weniges macht mir so viel Freude wie die gelungene Verbindung von Obszönität und Gelehrsamkeit. Die andere Möglichkeit: Man stellt ein interessant klingendes Zitat in den Raum und liefert eine im Idealfall kühne Interpretation nach, die womöglich einen handfesten Streit auslöst.

Das haben wir ja eigentlich schon im Deutschunterricht in der Schule gemacht. Interpretiere das Sprichwort: »Der frühe Vogel fängt den Wurm.« Und dann hat man das Loblied des Mitten-in-der-Nacht-Aufstehens gesungen. Heute wäre ich mit der Klassenarbeit schnell fertig. Ich würde die verschnarchte

211

Spruchweisheit einfach ergänzen durch: Aber die zweite Maus kriegt den Käse.

Mit anderen Zitaten ist man nicht ganz so schnell fertig. Unlängst blieb ich bei einem Ausspruch von Michaela Schaffrath hängen, früher war sie Pornodarstellerin, heute ist sie nur noch Darstellerin. Was macht eine Pornodarstellerin, die keine Lust mehr auf Sex hat? Heiraten. Ein Scherz. Aber Michaela hat einmal gesagt: »Während eines Pornodrehs an Gott zu denken, ist unmöglich.« Das hat mich beschäftigt. Die meisten Menschen haben schon mal an Gott gedacht, die wenigsten einen Porno gedreht. Das gilt auch für mich. Wo das Wissen fehlt, schießt die Spekulation ins Kraut. Ehe sie diese Sentenz bei Goethe oder Nietzsche verorten: Das ist von mir. Aber zurück zu Michaela: Warum sollte ich bei einem Pornodreh an Gott denken? Wenn ich mir vorstelle, man ist in der Gemeinschaftsumkleidekabine, macht sich drehfertig, d.h., man zieht sich aus, Scherzworte fliegen hin und her.

»Hallo Toni, bisschen zugelegt?«

»Ja, 14 Tage Urlaub bei Mama, das bleibt nicht in den Klamotten hängen!«

»Mensch Carmen, ist das etwa Orangenhaut?«

»Kümmer dich um deine eigene Scheiße, z.B. könntest du dir mal die Haare am Arsch wegmachen lassen!«

»Hallo, du bist der Neue, ja?«

»Ja, ich heiße Shaun.«

»Aha, und mit Nachnamen? Wieder? Shaun Wieder, das wär' doch witzig.«

»Ja, wäre es, aber ich heiße Shaun Fertig.«

»Auch schön, dann lass mal sehen …«

»Mein Gott! Nicht mit mir, bin doch nicht lebensmüde!«

Das wäre ein denkbarer Zusammenhang. Genauso mag ein Darsteller, dem nach dem Kommando des Regisseurs die mühsam aufgeblasene Erektion zusammenfällt, möglicherweise Zuflucht im Stoßgebet suchen, vielleicht dass er St. Antonius, dem Heiligen für alle Fälle, das Anzünden einer extradicken Kerze in Aussicht stellt. Ansonsten fordert ein Pornodreh, wie jeder andere auch, sicher volle Konzentration und lässt wenig Muße für ein Zwiegespräch mit dem Schöpfer. Unmöglich ist es natürlich nicht, also würde ich Michaela folgenden Verbesserungsvorschlag unterbreiten: Während eines Pornodrehs wird man in der Regel nicht an Gott denken, nein, auch nicht schön. Vielleicht so: Während eines Pornodrehs wird der Gedanke an Gott eher die Ausnahme sein. Beim Sterben sieht das schon ganz anders aus. Dieser Übergang mag brüsk wirken, aber das hat er mit dem Tod gemeinsam.

Hier ist ein Passus aus einer Altenheimregelung der Stadt Heidelberg:

»Am Entlassungstag oder Todestag ist das Zimmer bis spätestens 12 Uhr zu räumen.« Das heißt, wenn man um halb eins stirbt, kriegt man Stress mit der Heimleitung? Angesichts der persönlichen Gesamtsituation sicher eine zu vernachlässigende Sorge. Die muss man sich wahrscheinlich eher um den Verfasser dieses Paragrafen machen. Möglicherweise hat er zu enge Jeans getragen, das macht engstirnig und hartherzig.

So könnte man den Ausspruch Umberto Ecos deuten, dem Verfasser von »Der Name der Rose«: »Ein Kleidungsstück, das einem die Hoden einzwängt, lässt einen anders denken.«

Es hat so etwas Entwaffnendes, ähnlich wie: »Wo Staub liegt, herrscht Frieden.« Da wünscht man sich sofort eine unausstehliche Schwiegermutter mit Putzfimmel herbei, der man das vor den Latz knallen kann, nachdem sie anklagend mit dem Finger über das Sideboard gefahren ist. Und die Schwiegermutter führt auf geradem Wege zu Tolstoi: »Sterben, auch langsam sterben, ist besser als heiraten.«

Diese Heiratssprüche, die in keiner Hochzeitsrede fehlen sollten, habe ich mal gesammelt.

Schopenhauer: Heiraten heißt, das Mögliche tun, um einander zum Ekel zu werden.

Billy Conolly: Die Ehe ist eine wunderbare Erfindung, aber das ist eine Fahrradflickzeugtasche auch.

Oscar Wilde: Ehe: gegenseitige Freiheitsberaubung im beiderseitigen Einvernehmen.

Sartre: Die Ehe ist in vielen Fällen lebenslängliche Doppelhaft ohne Bewährungsfrist und Strafaufschub, verschärft durch Fasten und gemeinsames Lager.

Strindberg: Manche Ehe ist ein Todesurteil, das jahrelang vollstreckt wird.

Nestroy: An Scheidungsgründen fehlt es nie, wenn nur der gute Wille da ist.

Aber nun mal etwas Positives: Ein schwedisches Sprichwort sagt: Ein Kuss ohne Bart ist wie ein Ei ohne Salz. So was kann nur ein Volk erfinden, das Konserven mit vergammeltem Fisch als Leckerei schätzt. Die Vorstellung, wie ein Kuss schmeckt, der durch das Aroma seit Tagen gärender Erbsensuppenreste im überhängenden Oberlippenbart veredelt wurde, könnte einen in den Zölibat treiben. Zum Schluss noch die ultimative Antwort auf: »Was grinst du so blöd?«

Michel de Montaigne: Das deutlichste Anzeichen der Weisheit ist immer eine gleichbleibende Heiterkeit. Und als Zugabe: Auf die gern gestellte Frage: Hast du zugenommen?, antworte ich mit einem unbekannten chinesischen Weisen: »Hüte dich vor Männern, deren Bauch beim Lachen nicht wackelt.«

Die zweite Zugabe ist dieses wundervolle russische Sprichwort: Ein Bier am frühen Morgen ist der erste Schritt ins Unbekannte. Das wäre auch eine schöne Antwort auf den Ausruf des Chefarztes vor einer komplizierten Herzoperation: »Sie haben ja eine Fahne, Herr Kollege!«

Und als dritte Zugabe etwas, das man von Martin Walser nicht erwartet hätte: »Schön, wenn man beim Ficken zu zweit ist!«

Zurück zum Fisch

Wir können vom Fisch lernen, dass manche überlieferten Ratschläge Unsinn sind: Man soll eine Stunde nach dem Essen warten, bevor man schwimmen geht, das ist doch Quatsch, was sollen denn die Fische nach dem Füttern machen?

Angler sagen, der Fisch spürt den Haken nicht, der sich in seinen Gaumen bohrt beim Geangeltwerden. Es heißt, der Fisch empfindet keinen Schmerz. Wir wissen das, aber ob der Fisch das auch weiß?

Haie sagen ihren Kindern wahrscheinlich dasselbe, wenn sie fragen: Papa, tut das dem Mann nicht weh, wenn du ihm seinen Arm abbeißt? Nein, Menschen kennen keinen Schmerz, man hat das untersucht. Na dann ... zwuuusch ... Natürlich hat der alte Hai nur Spaß gemacht, um seinem Kleinen das schlechte Gewissen zu nehmen.

Ich glaube, Tiere haben Humor. Ich sitze letztens mit meinem Hund auf dem Sofa, also ich sitze, er liegt, er leckt sich die Klöten, ich spiel an meinen rum, wir gucken uns an und müssen beide lachen, aber ... zurück zum Fisch: hier ein Witz, der belegt, dass gerade weiße Haie richtig schwarzen Humor haben: Ein italienisches Kreuzfahrtschiff ist wieder mal gesunken, das Meer voller verzweifelter Überlebender, Vater und Sohn Hai halten drauf zu, der Junior will sich gleich eine adipöse Touristin reinziehen, der Vater bremst ihn: »Langsam, mein Junge, erst schwimmen wir mal eine Zeit lang um sie rum und zeigen nur schön unsere Rückenflosse.«

Das machen sie.

»Und jetzt, Papa, kann ich die Dicke haben, ich hab so Hunger!«

»Nein, jetzt schwimmen wir zwischen ihnen rum und zeigen ab und zu mal die Zähne.«

»Aber warum denn, Paps?«

»Weil sie mit leerem Darm besser schmecken!«

Man liest ja ab und zu auch Meldungen, wie jemand aus einem Flugzeug gesaugt wird, wenn eine Tür sich öffnet, wie auch immer, 2000 Meter fällt und dann so von einem Baumwipfel aufgefangen wird, dass er den Sturz überlebt, manchmal, in seltenen Einzelfällen, vielleicht. Was mich beschäftigt, versucht man in diesen 60, 70 Sekunden zu fliegen, in seiner Verzweiflung? Und was denkt ein Vogel, ein Adler oder so, wenn er das sieht. Na du, Panik? So musst du machen, ist ganz einfach, ach du hast ja keine Flügel, zu blöd aber auch!

Aber … zurück zum Fisch. Heringsschwärme kommunizieren durch Furzen, las ich in einem Buch mit nutzlosem Wissen, na und? Das machen Menschen auch. Puup, das heißt, Morgen Schatz, auch schon wach?

Aber das sind Einzelgespräche. Heringsschwärme furzen im Kollektiv, um sich etwas mitzuteilen, das wäre theoretisch beim Menschen auch denkbar. Flashmobfarting. Hey Leute, in drei Tagen ist eine große CDU-Kundgebung auf dem Alex, fresst bis dahin alle Hülsenfrüchte, die ihr kriegen könnt, kommt Dienstag 14 Uhr dahin, und dann starten wir mit 10 000 Darmtrakten einen Gasangriff auf den Hauptredner.

Zurück zum Fisch, warum angelt man mit Würmern? Zwischen Fisch und Wurm liegen Welten! Meines Wissens hat man noch nie einen Fisch dabei beobachtet, wie er mit Eimer und Schäufelchen bewaffnet an Land kam und nach Würmern gesucht hat. Ich wäre schon gerne dabei gewesen, wie der erste Fisch einen Wurm frisst und dann davon erzählt. Irgendwie ist der Regenwurm ins Wasser geraten, weiß der Teufel, zwei Regenwurmrüden oder Böcke oder Keiler oder Männchen haben um eine Frau gekämpft, und dabei hat der eine das Gleichgewicht verloren und trudelt so durchs Wasser, ein Fisch sitzt auf einer kleinen Sandbank und chillt, er sieht den Wurm und denkt: Das kenn ich nicht, aber die Chance, dass es essbar ist, liegt bei 50 Prozent, also Risiko! Und er frisst den Wurm, und er schmeckt ihm.

Seine Freundin kommt und sagt: »Na, wie wär's?« Und er: »Nee, lass mal, muss erst 'ne Stunde ausruhen, hab gerade gegessen.«

»Was gab's denn?«

»Kannte ich nicht, war aber lecker.«

»Wie sah es denn aus?«

»Na ja, bisschen fies.«

»Bisschen fies, dann nenn es doch Bifi.«

»Gute Idee, und ich stell gerade fest, dass man danach toll furzen kann!«

Nicht setzen beim Pinkeln!

Etwas, wofür gerade der ältere, vielseitig interessierte und kenntnisreiche Komiker prädestiniert ist: Scientainment. Wissenschaftliche Fakten als Thema für den Small Talk, im Idealfall als gesellschaftlicher Aufreger. Ein Beispiel: Meine Herren, ab sofort setzen sie sich beim Pinkeln bitte nicht mehr hin. Da geht aber ein Ruck durch alle WG-Mitglieder. Man hat festgestellt, diese Position ist medizinisch bedenklich, es bleibt nämlich Restharn zurück, in der Blase, was unter Umständen zu Krebs führen kann.

Meine Damen, da haben wir jetzt das, was man in Ethik und Jurisprudenz eine Güterabwägung nennt. Wenn Ihnen das reibungslose Funktionieren – reibungslos ist ja auch blöd, also das störungsfreie Funktionieren des besten Stücks Ihres besten Stücks Herzenssache ist, sollte Ihnen das das bisschen Putzen wert sein.

Wer von den Herrn nimmt Potenzmittel, und zwar PDE-5-Hemmer? Obacht, die Dinger machen nämlich schwerhörig. PDE-5-Hemmer erhöhen den Blutfluss im Schwellkörper. Im Ohr gibt es ähnliches Gewebe wie im Penis, also wird dort ebenfalls die Durchblutung gefördert, was sehr häufig zu Hörproblemen führt. Vermutlich daher kommt das Wort stocktaub. Von Viagra dagegen weiß man, dass es zu Sehstörungen führen kann, wenn sie also eine hässliche Sexualpartnerin haben, die immer dummes Zeug redet, empfehle ich eine Kombination der beiden Mittel. Ansonsten Vorsicht bei der Kombination von Medikamenten. Oft ist die Wirkung nicht vorhersagbar. Wenn Sie zum Beispiel ein Laxativum oder Relaxans, ein verdauungsförderndes Mittel, mit einem Barbiturat, einem Schlafmittel, kombinieren, sind zwei Dinge möglich: Sie schlafen auf dem Klo ein, oder Sie machen ins Bett.

Es gibt ein wunderbares Zitat von Drauzio Varella, Nobelpreisträger für Medizin:

»In der heutigen Welt wird fünfmal mehr in Medikamente für die männliche Potenz und Silikon für Frauen investiert als für die Heilung von Alzheimerpatienten. Daraus folgernd haben wir in ein paar Jahren alte Frauen mit großen Titten und alte Männer mit hartem Penis, aber keiner von denen kann sich erinnern, wozu das gut ist«

Alte Männer wollen Sex, und zwar öfter und mehr als junge Männer, weil sie von Panik getrieben sind, von der Angst, jederzeit kann der Hahn zugehen, es spielen auch Kindheitsängste mit hinein, vielleicht ist ja doch was dran an der 2000-Schuss-Theorie, dann vögelst du schon auf Reserve, seit 20 Jahren. Statistisch gesehen hat ein Mann 700 000 Erektionen in seinem Leben. Ich weiß nicht, wer es gezählt hat, ich denke das hat einer hochgerechnet. Durchschnittlich wird ein Mann 74 Jahre alt, nehmen wir an, das erste Hörnchen kriegt er mit 13, das macht also 61 aktive Jahre, dann wären das 11 475 Erektionen pro Jahr. Macht 31,44 Erektionen pro Tag, die im Schlaf mitgerechnet. Das hätte ich auch geschätzt. Das heißt, Sie haben im Schlaf gut 30 Erektionen. Da ist praktisch die Hölle los. Wär auch mal eine interessante Aufgabe für den Matheunterricht.

Männer können beim Sex kurzfristig ihr Gedächtnis verlieren, bis zu 60 Minuten nach dem Orgasmus. Damit haben alle Alzheimerpatienten ab jetzt eine wunderbare Ausrede. Wo wohnen Sie? Keine Ahnung. Haben Sie Alzheimer? Nein, ich hatte gerade Sex!

Zu viel reden

Wir leben in Zeiten der sprachlichen Inflation. Man traut der Kraft des Wortes nicht mehr und drückt vieles doppelt aus, der Germanist spricht da von Redundanz. PIN-Nummer, was soll das? Das N von PIN steht für Nummer. BMW-Werk. BMW heißt Bayerische Motorenwerke. ABM-Maßnahme. M steht für Maßnahme. Wir haben uns jetzt Koi-Karpfen angeschafft. Koi ist japanisch und heißt was wohl? Karpfen. Durchs Stadion ging eine La-Ola-Welle. La Ola ist spanisch und heißt? Welle. So ist wohl auch der SAT-1-Film Film entstanden. Warum lieben wir Comedy-Dialoge? Weil hier nur das Nötigste gesagt wird, um größtmögliche Wirkung zu erzeugen.

Herzlichen Glückwunsch zum 75. Hochzeitstag. Was war die schönste Zeitspanne in ihrer Ehe? – Die fünf Jahre in russischer Kriegsgefangenschaft.

Mein Mann ist 14 Tage nach der Hochzeit gestorben. – Dann hat er ja nicht lange leiden müssen.

Sind Sie Brillenträger? – Nein, die Druckstelle ist vom Bierglas.

Daran haben wir Freude. Statt es aber als richtungsweisend für den eigenen Sprachstil zu empfinden, machen wir genau das Gegenteil.

An der Wursttheke im Supermarkt wird man immer häufiger zum Opfer, zum Ohrenzeugen wider Willen von Gesprächen wie diesem: »Was darf's sein?«

»Wie lange hält sich die Fleischwurst im Kühlschrank? Wissen Sie meine Schwägerin mit ihren zwei Kindern kommt zu

Besuch am Wochenende, das Mädchen ist Vegetarierin, und der Junge ist erst vier, der isst noch nicht viel Wurst, das heißt, wir sind nur zwei Wurstesser, da könnten 200 Gramm vielleicht ein bisschen viel sein, oder?«

Oder beim Bäcker: »Können Sie mir zwei Brötchen geben? Ich möchte frühstücken. Auf eines werde ich Leberwurst machen, auf das andere Blaubeermarmelade. Sie haben keine Brötchen mehr? Dann bin ich im Moment ein bisschen ratlos und muss mir einen Plan B überlegen, geben Sie mir eine Sekunde.«

Auch Piloten reden definitiv zu viel: »Meine Damen und Herren, hier spricht ihr Flugkapitän, wir fliegen jetzt in einer Höhe von 3000 Metern, die Windgeschwindigkeit beträgt 35 km/h, auf der Höhe von Magdeburg werden wir in eine leichte Linkskurve gehen und …« Ich sitze da und denke, warum erzählt er das nicht dem Kopiloten, den könnte das interessieren. Ich gehe ja auch nicht zur Stewardess und sage: Ich hatte schon ein Putensandwich, aber ich werde Sie jetzt um ein Käsesandwich bitten und ein Tässchen Kaffee dazu, und ich könnte mir denken, dass ich zehn Minuten später kacken gehen werde.

Leserbriefe, dieselbe Sache. Ich kann es verstehen, wenn Leute mit einem Artikel nicht einverstanden sind und ihren Unmut äußern. Aber diese zustimmenden Briefe machen mich fertig: Endlich sagt mal einer, dass wir alle unseren Energieverbrauch herunterfahren müssen. Das ist ein bisschen, als würde ich meinem Supermarkt schreiben: Lieber Herr Hakle Feucht, ich möchte ihnen heute einfach mal sagen, wie toll ich es finde, dass ich mir den Arsch nicht mehr mit nassem Gras abwischen muss, wie meine Vorfahren.

An dieser Stelle habe ich auch noch einen Vorschlag für einen Werbeslogan: Sei nett zur Rosette! »Post von Wagner« ist ja auch so 'n Punkt. Der schreibt ja jeden Werktag irgendjemandem oder auch einer Sache einen Brief.

Bei der EM 2012, nach den beiden Toren gegen Holland, hat er sich selbst übertroffen, ich zitiere auszugsweise.

Lieber Mario Gomez,

der Mann, der die beiden Tore gegen Holland schoss, sah Ihnen zum Verwechseln ähnlich, aber er bewegte sich anders. Er drehte sich um sich selbst, als hätte er Ballettschuhe an und Hüften aus biegsamem Bambus… Für mich hat Gomez zwei Seelen. Er ist wie ein Pferd, das glaubt, ein Vogel zu sein, ein Pferd, das fliegen kann, ein Stuhl, der tanzen kann.

Ich hab ja früher auch ganz gern mal was geraucht, aber so ein Stöffchen hatte ich noch nicht in der Tüte. Respekt!

Aber man muss auch sagen: Der Brief gehört zu den bedrohten Arten und ist unbedingt schützenswert. Hier ein Beispiel für hohe Briefkultur: Diät ist immer ein Thema, auch für mich, ja, das mag Sie überraschen, aber unter meinen Muskelbergen gibt es auch eine dünne Fettschicht, die man im Auge behalten muss. Ich habe, wie der großartige Autor Stefan Schwarz es einmal ausdrückte, ein Sixpack im Speckmantel. Jedenfalls las ich von einem Ansatz in Amerika, den ich schön fand. Man soll Essen nicht als etwas betrachten, das man leidenschaftlich liebt, sondern als schlechten Partner in einer kaputten Beziehung, einen Partner, der einen schlecht behandelt und von dem man sich lösen will. Ich will praktisch mit dem Essen Schluss machen. Und um das auch zu visualisieren, sollte man dem Essen einen Abschieds- oder Schlussmach-Brief schreiben. Das hab ich gemacht, wollen Sie mal hören? Schön.

Hallo, Essen,

wir zwei hatten wirklich eine gute Zeit zusammen, aber letztendlich ging es auf meine Knochen. Du hast mich immer nur benutzt und deinen ganzen Müll bei mir abgeladen, aber das ist jetzt vorbei.

Mach's gut,

Jürgen

PS: Ich vermisse dich schrecklich, bitte komm zurück.